创新型素质教育精品教材

礼仪形象修养教程

主审　干英俊
主编　佘瑞龙　廖　秦　张淑艳

航空工业出版社

北京

内容提要

本书共有 10 个模块，内容包括礼仪基础知识、个人形象礼仪、着装礼仪、日常社交礼仪、宴请礼仪、公务礼仪、公共场所礼仪、校园礼仪、人情交往礼仪和文书信函礼仪 10 个方面。

本书内容系统、形式新颖、实用性强，可作为各类院校各专业学生的礼仪规范教材。

图书在版编目（CIP）数据

礼仪形象修养教程 / 佘瑞龙，廖秦，张淑艳主编. -- 北京：航空工业出版社，2023.8（2024.7 重印）
ISBN 978-7-5165-3448-9

Ⅰ. ①礼… Ⅱ. ①佘… ②廖… ③张… Ⅲ. ①礼仪—教材 Ⅳ. ①K891.26

中国国家版本馆 CIP 数据核字(2023)第 142227 号

礼仪形象修养教程
Liyi Xingxiang Xiuyang Jiaocheng

航空工业出版社出版发行
（北京市朝阳区京顺路 5 号曙光大厦 C 座四层　100028）
发行部电话：010-85672666　　010-85672683

北京京华铭诚工贸有限公司印刷	全国各地新华书店经销
2023 年 8 月第 1 版	2024 年 7 月第 2 次印刷
开本：787×1092　1/16	字数：323 千字
印张：14	定价：49.80 元

本书编委会

主　审　干英俊

主　编　佘瑞龙　廖　秦　张淑艳

副主编　王　彬　曹明卷　李全忠
　　　　徐云霞　严晓丰

参　编　朱贝妮　杨松林　赵起鹏

前言

PREFACE

礼仪是个人内在素质的外化表现。学习礼仪、提升个人形象与修养，有利于人们恪守社会行为规范，有利于个人塑造良好的形象和整体形象，有利于建设社会主义精神文明，有利于全面落实社会主义荣辱观和以德治国重要举措。

为了提高学生的礼仪形象及修养、助力学生成长成才，我们根据国家对礼仪课程的要求，精心编写了本书，希望学生通过学习本书，能够塑造举止得体、文明礼貌的形象，获得成功进入现代社会的礼仪通行证。具体来说，本书主要具有以下特点。

1. 素质教育，立德树人

党的二十大报告指出："育人的根本在于立德"本书有机融入党的二十大精神，秉承能力教育与素质教育同向同行的理念，在正文中添加了"文明守礼润人心"等栏目，主要介绍传统文化、爱国精神和爱岗敬业精神等，使学生树立正确的价值观，养成良好的行为习惯，践行文明礼仪。

2. 校企合作，协同育人

本书的编写得到了一线教师和企业专职人员的参与和大力支持，特别是在选取内容时充分考虑了学生个人发展的需求和时代的要求，通过提升教材的实用属性，来培养学生的实践能力。同时，本书既注重理论学习的深度，又强调教学内容的趣味性和实践性，将理论知识与阅读材料紧密结合，有效增强了内容的可读性和实用性，能促使学生做到知行合一。

3. 全新理念，图文并茂

本书按照"基础、够用、发展"的原则组织内容，从礼仪基础知识、个人形象礼仪、着装礼仪、日常社交礼仪、宴请礼仪、公务礼仪、公共场所礼仪、校园礼仪、人情交往礼仪和文书信函礼仪10个方面介绍了与礼仪形象修养相关的知识。本书在讲解时，淡化了学科和理论色彩，着力讲解各种礼仪的基本要求和行为规范，语言精练，言之有物。与此同时，本书还配有大量精美的图片，不仅让版式显得生动、活泼，也能有效地展示重点内容，让学生能准确无误地学习到礼仪要点。

4. 体例丰富，易教易学

本书充分考虑到学生的学习特点，在每个模块前设置了"知节有礼"，以案例的形式引入相关知识，让学生带着问题进入学习状态，切实地感受到礼仪文化的重要性。此外，本书还在文中设置了丰富的小栏目，如"礼仪知识窗""礼仪故事屋""礼仪互动吧""礼仪小贴士"等，不仅能够调节课堂气氛，帮助教师更好地开展课堂教学，而且能够开拓学生的视野，激发学生的学习兴趣，提高其学习效率。

5. 数字资源，平台辅助

本书配有丰富的数字资源。读者可借助手机或其他移动设备扫描二维码获取微课视频，也可登录文旌综合教育平台"文旌课堂"（www.wenjingketang.com）查看和下载本书的配套资源，如课后答案、优质课件、课程标准等。

此外，本书还提供了在线题库，支持"教学作业，一键发布"，教师只需要通过微信或"文旌课堂"App扫描扉页二维码，即可迅速选题、一键发布、智能批改，并查看学生的作业分析报告，提高教学效率、提升教学体验。学生可在线完成作业，巩固所学知识，提高学习效率。

本书由干英俊担任主审，佘瑞龙、廖秦、张淑艳担任主编，王彬、曹明卷、李全忠、徐云霞、严晓丰担任副主编，朱贝妮、杨松林、赵起鹏参与编写。

由于编者经历和水平有限，书中存在的疏漏和不妥之处，诚请各位老师和广大读者批评指正。

特别说明：

（1）本书在编写过程中，参考了大量的资料并引用了部分文章和图片等。这些引用的资料大部分已获授权，但由于部分资料来自网络，我们未能确认出处，也暂时无法联系到原作者。对此，我们深表歉意，并欢迎原作者随时与我们联系（电话：400-117-9835），我们将按规定支付酬劳。

（2）本书所选案例均来源于真实事件，但为了避免引起不必要的误会，部分人物使用了化名。

（3）本书没有注明资料来源的案例均为编者根据真实事件自编。

目录 CONTENTS

模块 1　礼仪基础知识 ·· 1

1.1　礼仪的起源和发展 ·· 2
1.1.1　礼仪的起源 ·· 2
1.1.2　礼仪的发展 ·· 3

1.2　礼仪的概念和特点 ·· 4
1.2.1　礼仪的概念 ·· 4
1.2.2　礼仪的特点 ·· 5

1.3　礼仪的原则和功能 ·· 7
1.3.1　礼仪的原则 ·· 7
1.3.2　礼仪的功能 ·· 8

1.4　礼仪的内容和分类 ·· 9
1.4.1　礼仪的内容 ·· 9
1.4.2　礼仪的分类 ·· 10

模块检测 ·· 12
综合评价 ·· 13

模块 2　个人形象礼仪 ·· 15

2.1　仪容礼仪 ·· 16
2.1.1　头发的修饰 ·· 16
2.1.2　面部的修饰 ·· 19
2.1.3　手部的修饰 ·· 24

2.2　仪态礼仪 ·· 25
2.2.1　站姿礼仪 ·· 25

礼仪形象修养教程

  2.2.2 坐姿礼仪 ·· 27
  2.2.3 走姿礼仪 ·· 30
  2.2.4 蹲姿礼仪 ·· 31
  2.2.5 表情礼仪 ·· 32
  2.2.6 手势礼仪 ·· 35
模块检测 ·· 37
综合评价 ·· 37

模块 3 着装礼仪 ··· 39

3.1 着装的基本原则 ··· 40
  3.1.1 整洁原则 ·· 40
  3.1.2 TPO 原则 ··· 40
  3.1.3 配色原则 ·· 41

3.2 男士着装礼仪 ·· 42
  3.2.1 西装 ··· 42
  3.2.2 休闲装 ··· 47
  3.2.3 配饰 ··· 48

3.3 女士着装礼仪 ·· 48
  3.3.1 套装 ··· 48
  3.3.2 夹克衫 ··· 50
  3.3.3 连衣裙 ··· 51
  3.3.4 佩饰 ··· 51

模块检测 ·· 56
综合评价 ·· 57

模块 4 日常社交礼仪 ··· 59

4.1 称呼礼仪 ··· 60
  4.1.1 生活中的称呼 ·· 60
  4.1.2 公务活动中的称呼 ··· 62
  4.1.3 使用称呼时的注意事项 ····································· 63

4.2 介绍礼仪 ··· 64
  4.2.1 自我介绍 ·· 64
  4.2.2 介绍他人 ·· 65

目录

- 4.3 握手礼仪 ·· 68
  - 4.3.1 握手姿势 ·· 68
  - 4.3.2 握手要领 ·· 69
  - 4.3.3 握手顺序 ·· 69
  - 4.3.4 握手禁忌 ·· 70
- 4.4 名片礼仪 ·· 72
  - 4.4.1 名片的用途 ·· 72
  - 4.4.2 名片的使用 ·· 73
- 4.5 交谈礼仪 ·· 77
  - 4.5.1 交谈话题 ·· 77
  - 4.5.2 交谈态度 ·· 78
  - 4.5.3 交谈语言 ·· 80
  - 4.5.4 交谈技巧 ·· 81
- 4.6 通话礼仪 ·· 83
  - 4.6.1 拨打电话的礼仪 ······································ 83
  - 4.6.2 接听电话的礼仪 ······································ 84
- 模块检测 ·· 87
- 综合评价 ·· 88

模块 5 宴请礼仪 ·· 89

- 5.1 宴请的基本礼仪 ·· 90
  - 5.1.1 宴请准备礼仪 ·· 90
  - 5.1.2 宴请流程礼仪 ·· 91
  - 5.1.3 赴宴礼仪 ·· 92
- 5.2 中式宴请礼仪 ·· 93
  - 5.2.1 中式宴请的桌次和座次礼仪 ···························· 93
  - 5.2.2 中餐餐具的使用礼仪 ·································· 95
  - 5.2.3 中餐就餐礼仪 ·· 97
- 5.3 西式宴请礼仪 ·· 99
  - 5.3.1 西式宴请的座次礼仪 ·································· 99
  - 5.3.2 西餐餐具的摆放和使用礼仪 ··························· 100
  - 5.3.3 西餐就餐礼仪 ······································· 103

5.4 自助餐礼仪 ··· 105
- 5.4.1 安排自助餐的礼仪 ··· 105
- 5.4.2 享用自助餐的礼仪 ··· 106

模块检测 ··· 109

综合评价 ··· 110

模块 6 公务礼仪 ··· 111

6.1 办公室礼仪 ··· 112
- 6.1.1 办公室环境礼仪 ··· 112
- 6.1.2 员工个人礼仪 ··· 113
- 6.1.3 同事关系礼仪 ··· 114

6.2 会议礼仪 ··· 115
- 6.2.1 会议组织礼仪 ··· 115
- 6.2.2 与会者礼仪 ··· 119

6.3 仪式礼仪 ··· 121
- 6.3.1 签字仪式礼仪 ··· 121
- 6.3.2 开业仪式礼仪 ··· 124
- 6.3.3 剪彩仪式礼仪 ··· 128

6.4 求职礼仪 ··· 131
- 6.4.1 求职准备礼仪 ··· 131
- 6.4.2 求职面试礼仪 ··· 132

模块检测 ··· 135

综合评价 ··· 136

模块 7 公共场所礼仪 ··· 139

7.1 特定公共场所的基本礼仪 ··· 140
- 7.1.1 医院礼仪 ··· 140
- 7.1.2 宾馆礼仪 ··· 141
- 7.1.3 体育场观赛礼仪 ··· 143
- 7.1.4 影剧院礼仪 ··· 145
- 7.1.5 公园游玩礼仪 ··· 146

7.2 公共交通礼仪 ··· 147
- 7.2.1 行路礼仪 ··· 147

目录

  7.2.2 乘坐公共交通工具礼仪 ·············· 148
  7.2.3 驾驶礼仪 ·············· 152
 模块检测 ·············· 155
 综合评价 ·············· 156

模块 8 校园礼仪 ·············· 157

8.1 师生交往礼仪 ·············· 158
  8.1.1 课堂礼仪 ·············· 158
  8.1.2 老师办公室礼仪 ·············· 160
  8.1.3 与老师交谈的礼仪 ·············· 161

8.2 同学交往礼仪 ·············· 161
  8.2.1 与同学交往的原则 ·············· 161
  8.2.2 宿舍礼仪 ·············· 162
  8.2.3 同学间借用钱物的礼仪 ·············· 164

8.3 校园公共场所礼仪 ·············· 165
  8.3.1 图书馆礼仪 ·············· 165
  8.3.2 食堂礼仪 ·············· 166
  8.3.3 大型活动礼仪 ·············· 169

 模块检测 ·············· 173
 综合评价 ·············· 174

模块 9 人情交往礼仪 ·············· 175

9.1 拜访礼仪 ·············· 176
  9.1.1 拜访准备 ·············· 176
  9.1.2 拜访过程 ·············· 177
  9.1.3 拜访结束 ·············· 178

9.2 待客礼仪 ·············· 179
  9.2.1 认真准备 ·············· 179
  9.2.2 热情迎客 ·············· 180
  9.2.3 礼待宾客 ·············· 183
  9.2.4 礼貌送客 ·············· 186

9.3 馈赠与受赠礼仪 ·············· 186
  9.3.1 馈赠礼仪 ·············· 186

9.3.2 受赠礼仪 ……………………………………………………………… 189

模块检测 ……………………………………………………………………… 191

综合评价 ……………………………………………………………………… 192

模块 10 文书信函礼仪 …………………………………………………… 193

10.1 请柬 ……………………………………………………………… 194
10.1.1 请柬的概念 ……………………………………………………… 194
10.1.2 请柬的结构与写法 ……………………………………………… 195
10.1.3 请柬的礼仪 ……………………………………………………… 196

10.2 邀请函 …………………………………………………………… 197
10.2.1 邀请函的概念 …………………………………………………… 197
10.2.2 邀请函的类型 …………………………………………………… 197
10.2.3 邀请函的结构与写法 …………………………………………… 198
10.2.4 邀请函的礼仪 …………………………………………………… 198

10.3 聘书 ……………………………………………………………… 199
10.3.1 聘书的概念 ……………………………………………………… 199
10.3.2 聘书的结构和写法 ……………………………………………… 200
10.3.3 聘书礼仪 ………………………………………………………… 201

10.4 感谢信 …………………………………………………………… 202
10.4.1 感谢信的概念 …………………………………………………… 202
10.4.2 感谢信的类型与特点 …………………………………………… 202
10.4.3 感谢信的结构与写法 …………………………………………… 202
10.4.4 感谢信的礼仪 …………………………………………………… 203

10.5 祝贺信 …………………………………………………………… 205
10.5.1 祝贺信的概念 …………………………………………………… 205
10.5.2 祝贺信的类型 …………………………………………………… 205
10.5.3 祝贺信的结构和写法 …………………………………………… 205
10.5.4 祝贺信的礼仪 …………………………………………………… 206

模块检测 ……………………………………………………………………… 209

综合评价 ……………………………………………………………………… 210

参考文献 …………………………………………………………………… 211

模块 1

礼仪基础知识

知节有礼

问　路

一个年轻人坐车去青海湖旅游。天气炎热，他下车后走了很久还没到达目的地，也不知道自己距目的地还有多远。正当他感到口干舌燥、筋疲力尽的时候，远处走来一位老人。于是，他冲着老人喊："喂，这里离青海湖还有多远？"老人听了，冷冷地回了两个字："无礼。"年轻人一听，心想：只有五里路了，再加把劲儿就到了。于是，他打起精神快速向前走去。

结果，这个年轻人走了好几个五里，仍不见青海湖的踪影。

想一想

老人为什么没有直接回答年轻人的问题？年轻人在问路时有哪些失礼的地方？

1.1 礼仪的起源和发展

1.1.1 礼仪的起源

礼仪是人类文明的产物。从理论上讲，礼仪是人们为了维护秩序、避免发生矛盾和冲突而制定的规则。原始时期，人类为了生存和发展，不得不以群居的形式生活在一起。在群居生活中，群居成员必须妥善处理彼此之间的关系。例如，如何进行劳动分工、如何分配食物等，由此便产生了一系列的规则。这些由人们逐步积累和自然约定而产生的规则，就是最初的礼仪。

礼仪的起源

从具体形式上讲，礼仪是在原始社会中晚期的祭祀活动中产生的。这些祭祀活动都有严格的程序和表现方式，并随着人类认知的逐渐提高和社会的不断发展而逐步完善，最终产生了体现为一定规范和制度的祭祀礼仪。后来，随着人对自然与社会关系的进一步认识，祭祀礼仪已不能满足人们日益发展的精神需要和社会关系的调节需要，于是，人们便将祭祀活动中的一系列行为规范扩展到了各种社会交往活动中，进而产生了社会各领域的各种礼仪。

模块1 礼仪基础知识

 礼仪知识窗

> **五礼——中国礼仪文化的起源**
>
> 中国自古以来就是礼仪之邦。《论语》中记载"不学礼,无以立",可见文明礼仪的重要性。古代的礼分两种:一是指典章制度,比如夏礼、周礼等;二是指人们的行为规范、礼节。春秋之后,古代的礼仪基本被废弃,经礼家整理,并加以系统总结,将其归纳为五大类,以吉、凶、宾、军、嘉为类目名称,总称为"五礼"。
>
> 五礼是中国古代礼仪的总称,是中国礼仪文化的源头,后世的许多礼仪都是在五礼的基础上演变而来的。

1.1.2 礼仪的发展

从历史发展的脉络看,礼仪在中国的演变经历了6个阶段,即萌芽与草创阶段、形成阶段、发展与变革阶段、强化与衰落阶段、现代礼仪阶段和当代礼仪阶段。

1. 萌芽与草创阶段

原始社会中晚期至公元前21世纪是礼仪的萌芽与草创阶段。在这个阶段,人类逐渐开化,并在群居生活中逐步积累和约定出一系列规则,进而形成了礼仪的雏形。例如,当时的人们已经注意到尊卑有序、男女有别;在安排席位时,遵守长辈在上、晚辈在下,男子在左、女子在右的原则等等。

2. 形成阶段

夏、商、西周时期(公元前21世纪至公元前771年)是礼仪的形成阶段。在这个阶段,周朝五礼(即吉礼、凶礼、宾礼、军礼、嘉礼)的确立代表着礼仪的基本形成。其中,吉礼是指祭祀之礼,凶礼是指丧葬礼仪,宾礼是指诸侯对天子的朝觐及诸侯之间的会盟等礼节,军礼是指阅兵、出师等方面的仪式,嘉礼是指婚礼、冠礼、饮食之礼、庆贺之礼等。

3. 发展与变革阶段

春秋与战国时期(公元前770年至公元前221年)是礼仪的发展与变革阶段。在这个阶段,礼仪出现了较大变革,新的礼仪制度和理论在孔子、孟子、荀子等思想家的推动下建立并发展起来。

4. 强化与衰落阶段

从秦、汉朝至清朝末年（公元前 221 年至 1911 年）是礼仪的强化与衰落阶段。在这个阶段的前期，尊君抑臣、尊夫抑妇、尊父抑子、尊神抑人的礼仪得到了强化，在这个阶段的后期，随着清王朝的衰败和西方礼仪的传入，古代礼仪盛极而衰。

5. 现代礼仪阶段

从辛亥革命爆发至 1949 年是我国的现代礼仪阶段。在这个阶段，旧礼破，新礼立，现代礼仪的帷幕被正式拉开，握手礼在中国逐渐流行。

6. 当代礼仪阶段

从 1949 年至今是我国的当代礼仪阶段。在当代社会中，我国的优秀传统礼仪得到了全新的继承和发展，各领域的礼仪制度也逐渐规范并趋于完善。

> **礼仪互动吧**
>
> 请你想想，日常生活中的哪些礼仪是从古代演变而来的？它们经历了哪些变化？

1.2 礼仪的概念和特点

1.2.1 礼仪的概念

礼仪是指人们在社会交往活动中形成的行为规范与准则，具体表现为礼貌、礼节、仪表、仪式等。

- **礼貌**：人们在相互交往过程中应具有的表示敬意、友好的气度和风范。
- **礼节**：人们在社会交往过程中表示尊重、致意、问候、哀悼等惯用的形式和规范。
- **仪表**：人的外表，如容貌、服饰、姿态等。
- **仪式**：在特定场合举行的、具有专门程序的、规范化的活动，如颁奖仪式、签字仪式、开幕式等。

从个人修养角度来看，礼仪是一个人的内在修养和素质的外在表现；从道德的角度来看，礼仪是待人接物的行为规范、行为准则或标准做法；从交际的角度来看，礼仪是人际交往中适用的一种艺术，是一种交际方式或方法；从审美的角度来看，礼仪是一种形式美，是人们心灵美的必然外化。

1.2.2 礼仪的特点

礼仪是在漫长的社会实践中逐步形成、演变和发展起来的，具有普遍性、规范性、文明性、多样性、对象性和操作性等特点。

1．普遍性

礼仪作为一种文化现象，是全人类的共同财富，它具有普遍性。在任何国家、任何场合、任何人际交往中，人们都需要自觉地遵守礼仪。

2．规范性

一个礼仪标准不统一甚至互相矛盾的社会，往往是一个不和谐的社会。礼仪必须采用标准化的表现形式，才会获得广泛认可。

3．文明性

礼仪是人类文明的结晶，是现代文明的重要组成部分。文明的体现宗旨是尊重，既是对人也是对己的尊重，这种尊重总是同人们的生活方式有机地融合在一起，成为人们日常生活、工作中的行为规范。

4．多样性

世界是丰富多彩的，礼仪也是绚丽多姿的。世界各地的民俗礼仪千奇百怪，几乎没有人能说清楚世界上到底有多少种礼仪形式。从举止礼仪到规范礼仪，从风俗礼仪到祭祀礼仪等，在不同的国家、不同的场合，礼仪的表达方式也有所不同。

5．对象性

礼仪作为约定俗成的行为规范，在具有普遍性的同时，又表现出一种较为明显的对象性。在面对不同的交往对象，或在不同领域内进行不同类型的人际交往时，往往需要讲究不同类型的礼仪。例如，东方人含蓄、深沉，西方人直率、开放；东方人见面习惯于拱手、鞠躬，西方人见面则习惯于亲吻、拥抱。

6. 操作性

在具体运用礼仪时，"有所为"与"有所不为"都有各自具体的、明确的、可操作的方式与方法。

 礼仪知识窗

《礼记》千古智慧，尽显中华礼仪之美

《礼记》是儒家经典之一。《礼记》中记载的古代文化知识、礼仪知识等，对儒家文化的传承，当代文化教育和道德教育，以及社会主义和谐社会建设都有重要的意义。

例如：

（1）礼尚往来，往而不来，非礼也；来而不往，亦非礼也。

——《礼记·曲礼上》

译文：人与人的交往贵在有来有往。只有往而无来或只有来而无往，都是不合乎礼数的。

（2）君子不失足于人，不失色于人，不失口于人。

——《礼记·表记》

译文：君子在别人面前要注意举止，说话应有分寸，仪表要庄重，既不能态度粗暴，也不能出言不逊。

（3）人有礼则安，无礼则危。故曰：礼者不可不学也。

——《礼记·曲礼上》

译文：当人们都遵守礼仪规范时，社会就会安稳有序；若人们都不遵守礼仪规范，社会就会混乱危殆。所以说，礼仪规范是不可以不学习的。

（4）富贵而知好礼，则不骄不淫；贫贱而知好礼，则志不慑。

——《礼记·曲礼上》

译文：富人若懂得追求礼仪教化，就不会变得骄奢淫靡。穷人若懂得追求礼仪教化，就不会被挫折击垮。

模块1 礼仪基础知识

1.3 礼仪的原则和功能

1.3.1 礼仪的原则

不同的社会背景形成不同的礼仪规范，礼仪形式纷纭繁复。但是，任何事物都有一些共同的规律可遵循，礼仪也不例外，也有它可以遵循的原则。在公共关系活动中应遵守以下原则。

1．自律原则

自律原则是指自我约束，按照礼仪规范严格要求自己，知道自己该做什么、不该做什么。

2．尊重原则

尊重原则是礼仪的基本原则。所谓尊重，首先是在自尊、自爱的同时，尊重他人的人格、劳动和价值，以平等的身份同他人交往；其次是尊重他人的爱好和情感，不强求他人按自己的爱好和兴趣来生活、行事。

3．平等原则

平等是人与人交往时建立情感的基础。在人际交往中，要尊重交往对象，以礼待人，有来有往，既不能盛气凌人，也不能卑躬屈膝。对任何交往对象都要一视同仁，给予同等程度的礼遇。

4．适度原则

适度原则是指在应用礼仪时应把握好分寸，根据具体情况、具体情境行使相应的礼仪。例如，在与人交往时应不卑不亢，自尊但不能自负，坦诚但不能粗鲁，谦虚但不能拘谨。

5．宽容原则

宽容即容许别人有行动和判断的自由，认同不同于自己或传统观点的见解。

礼仪故事屋

刘备听说诸葛亮很有才识,遂带着礼物到隆中卧龙岗去请他出山辅佐。这天恰巧诸葛亮不在,只能失望而回。不久,刘备又和关羽、张飞冒着风雪第二次去请诸葛亮出山。不料诸葛亮又外出闲游去了。过了一些时日,刘备准备再去请诸葛亮。关羽说,诸葛亮也许是徒有虚名,未必有真才实学,不用去了。张飞却主张由他一个人去叫,如诸葛亮不来,就用绳子捆来。刘备把张飞责备了一顿,第三次去请诸葛亮。当他们到诸葛亮家时,已经是中午,诸葛亮正在睡觉。刘备不敢惊动他,一直站到诸葛亮自己醒来,才彼此坐下谈话。

刘备求才心切,三次登门请诸葛亮出山,其中也道出了"待人以诚"之道,这也是礼仪的一种表现。

6. 从俗原则

从俗是指交往各方都应尊重对方的风俗和习惯,了解并尊重各自的禁忌。由于国情、民族和文化背景的不同,必须坚持入乡随俗,与绝大多数人的习惯做法保持一致,切勿目中无人、自以为是。

1.3.2 礼仪的功能

1. 塑造形象

礼仪能够帮助人们从仪容、仪表、举止、谈吐等各个方面塑造个人形象,使人们衣着整洁、谈吐得体,展现出良好的教养和优雅的风度,进而给交往对象留下良好印象。

2. 沟通信息

礼仪能够帮助人们在社交活动中通过自己的服饰、言语、行为、表情等,更好地向交往对象表达尊重、敬佩、友好、善意等情感信息,搭建人际沟通的桥梁,增进彼此之间的了解和信任。例如,人们通过递送名片来介绍自己,通过馈赠礼品来沟通感情等等。

3. 协调关系

礼仪倡导人们按照礼仪规范行事,让人们在以礼待人的前提下相互了解、相互合作,有助于协调人际关系,创造融洽、和谐、温馨的人际交往环境。

1.4 礼仪的内容和分类

1.4.1 礼仪的内容

1. 仪容仪表礼仪

仪容仪表礼仪是指人们塑造外在形象和提升内在气质的礼仪规范,主要包括仪容礼仪(如头发、面容的修饰等方面的礼仪)、着装礼仪(如西装或套裙的选择与搭配、佩饰的选用等方面的礼仪)和仪态礼仪(如站姿、坐姿、走姿、蹲姿、表情、手势等方面的礼仪)。

2. 日常交往礼仪

日常交往礼仪是指人们在日常生活中与他人沟通、交往时应遵守的礼仪规范,主要包括会面礼仪(如称呼、介绍、名片、握手等方面的礼仪)、交谈礼仪(如交谈的原则、话题、态度、语言、技巧等方面的礼仪)、拜访礼仪(如拜访准备和拜访过程等方面的礼仪)、待客礼仪(如接待准备、迎候、乘车、引导、待客座次、奉茶等方面的礼仪)、通话礼仪(如拨打电话和接听电话等方面的礼仪),以及馈赠与受赠礼仪。

3. 校园礼仪

校园礼仪是指学生在校园内与他人交往时应遵守的礼仪规范,主要包括与教师交往的礼仪、与同学交往的礼仪和校园公共场所礼仪等。

4. 公共礼仪

公共礼仪是指人们置身于公共场合时应遵守的礼仪规范,主要包括出行礼仪(如行路礼仪、乘坐公共交通工具的礼仪、驾车礼仪)和公共场所礼仪(如影剧院礼仪、宾馆礼仪、观赛礼仪、医院礼仪、公园游玩礼仪等)。

5. 宴请礼仪

宴请礼仪是指人们在举办或参加各种宴会(如中餐、西餐、自助餐等)时应当遵守的礼仪规范,主要包括宴请的基本礼仪(如宴请准备、宴请流程、赴宴等方面的礼仪)、中式宴请礼仪、西式宴请礼仪和自助餐会礼仪等。

6．职场礼仪

职场礼仪是指人们在职场上应当遵守的一系列礼仪规范，主要包括求职与面试礼仪、办公室礼仪、会议礼仪和仪式礼仪等。

1.4.2 礼仪的分类

根据生活方式、信仰和文化的不同，礼仪可分为东方礼仪和西方礼仪。

1．东方礼仪

东方礼仪主要是指以中国、日本、韩国、朝鲜和泰国等亚洲国家为代表的具有东方民族特点的礼仪文化。东方礼仪主要有以下特点。

1）重视亲情和血缘

东方民族尤其信奉"血浓于水"这一传统观念，所以人际关系中最稳定的关系是血缘关系。当多种利益发生矛盾和冲突之时，多数人会选择维护有血缘关系的家族利益。

很多具有中国传统的大家庭，四世同堂，共居一室，家长维系着家庭中各个成员之间的关系，并具有绝对的权威。庞大的家庭结构虽然矛盾重重，但"人丁兴旺，儿孙满堂"就足够了。

2）谦逊、含蓄

与率直、坦诚的西方人相比，东方人通常显得谦逊和含蓄。以送礼为例，中国人及日本人在送礼时精心挑选，且在送礼时总是谦逊而恭敬地说"微薄之礼不成敬意，请笑纳"之类的话。东方人在受礼时，往往只说"谢谢"而不马上打开礼物，唯恐礼物过轻或不尽如人意而有伤对方的面子，同时也避免显得自己重利轻义，有失礼貌。

3）强调共性

东方人非常注重共性，国民都有较强的民族感。很多企业的经营管理充满着家庭式色彩，富有人情味，人人为集体谋事并以此为荣。

4）礼尚往来

礼是人际交往的媒介和桥梁。这里的"礼"，主要指礼物，其实礼物本身并不重要，重要的是渗透其中的情感。"来而不往非礼也"，意思是说，接受了别人的礼物而不懂得回赠，是很不礼貌的行为。

东方人送礼的名目繁多，除了重要的节日相互拜访需要送礼外，平时的婚、丧、嫁、娶、过生日、升职、加薪等都可以作为送礼的理由。

2. 西方礼仪

西方礼仪的产生与西方文明的发展有着密切的关系。它萌生于古希腊，形成于17—18世纪的法国，其间深受古希腊、古罗马、法兰西等文化的影响。西方资产阶级登上历史舞台后，不仅在经济基础，还在上层建筑各个领域都进行了重大的变革。这一时期西方礼仪有了重大发展，属于少数贵族的封建礼仪习俗，逐步被社会文明规范的礼仪所取代。

西方礼仪文化尤其强调规范人的行为，主要有以下特点。

1）简单实用

西方礼仪是西方各国人民在长期实践活动中形成的。因此，西方礼仪具有很强的现实性。

2）个性自由

西方礼仪处处强调个人拥有绝对的自由（在不违反法律的前提下），将个人的尊严看得神圣不可侵犯，崇尚个人的力量，追求个人利益。所以，在西方，冒犯对方"私人的"所有权，是非常失礼的行为。

3）自由、平等、开放

从古希腊开始，在与自然的抗争中，西方人就形成了独立进取的乐观精神。西方人提倡人人平等，积极参与竞争，相对比较漠视家庭血缘关系。这一点刚好与东方人的家庭观念形成了鲜明的对比。

文明守礼润人心

中华文化的核心价值——礼

礼，从行为举止上讲是要遵守道德、礼制的规范。守规矩，讲礼貌，恭敬辞让，言行有度。"不以规矩，不能成方圆"。行为举止必须有规范。在中华文化中，这种规范就是礼。《论语》讲仁，"克己复礼为……非礼勿视，非礼勿听，非礼勿言，非礼勿动"；讲孝，"生，事之以礼。死，葬之以礼，祭之以礼"；讲和，"不以礼节之，亦不可行也"；讲为政，"道之以德，齐之以礼"；讲教学，"博学于文，约之以礼"。总之，一切都落实到礼上。

不学礼，无以立。在长期的历史发展中，中国社会形成了一整套完备的礼仪规范：上至朝廷议事、祭祀、战争，下至社会婚丧嫁娶、节日礼俗，家庭生活晨昏定省，夫妇、父子、兄弟相处，人际交往中的称谓、礼节，日常行为中的坐、卧、立、走等等，无所不包。可以说古代中国人是生活在礼之中。

礼之用，和为贵。礼的功能是维系社会和谐。古代社会基本的人伦关系是君臣、父子、夫妇、兄弟、朋友，他们之间有区别。礼就是在这种区别的基础上产生的。它反映这种区别，对不同的人提出不同的要求，以求社会关系的和谐，别中求和。

礼的精神，恭敬辞让，言行有节。"恭敬之心，礼也"，"辞让之心，礼之端也"，恭敬辞让是礼的根本精神。"道之以德，齐之以礼"，"博学于文，约之以礼"，礼的作用在于规范和节制人们言行，使人言行有度。表现于言行，就是守规矩，讲礼貌，不任性。内在的义、群、和的精神追求和外在行为举止的恭敬辞让，言行有节相配合，塑造了中国人文质彬彬的形象，造就了中国礼仪之邦的美名。

（资料来源：学习时报，作者钱逊，有删改）

模块检测

1. 选择题

（1）下列选项中，（　　）不是礼仪的特点。
　　A．规范性　　　　　　　　B．传承性
　　C．差异性　　　　　　　　D．层次性

（2）交谈的原则、话题、态度、语言、技巧等方面的礼仪属于（　　）。
　　A．校园礼仪　　　　　　　B．交谈礼仪
　　C．公共礼仪　　　　　　　D．职场礼仪

（3）在（　　），礼仪出现了较大变革，新的礼仪制度和理论在孔子、孟子、荀子等思想家的推动下建立并发展起来。
　　A．从秦、汉朝至清朝末年
　　B．夏、商、西周时期
　　C．原始社会中晚期至公元前21世纪
　　D．春秋与战国时期

2. 判断题

（1）礼仪是指人们在社会交往中共同遵守的表示尊重、友好的行为规范和准则。（　　）

（2）夏、商、西周时期是礼仪的草创阶段。（　　）

（3）礼仪是人类进行人际交往的产物。（　　）

3. 简答题

（1）礼仪的特点是什么？

（2）礼仪的内容有哪些？
（3）简述礼仪的发展历史。

综合评价

各组配合指导教师完成如表 1-1 所示的考核评价表。

表 1-1　考核评价表

项目名称	评价内容	分值	评价分数		
			自评	互评	师评
知识与技能考核 60%	了解礼仪的起源、发展、概念和特点，能明白礼仪的重要性	30 分			
	了解礼仪的原则、功能、内容和分类，能分辨不同类型的礼仪	30 分			
素质考核 40%	具有良好的语言表达能力	10 分			
	善于分析、总结与反思	15 分			
	善于将理论联系实际，能够将所学知识应用于实际生活中	15 分			
	合　计	100 分			
总评	自评（20%）+互评（20%）+师评（60%）=	教师（签名）：			

模块 2

个人形象礼仪

 知节有礼

小倩的妆容转变

小倩刚刚毕业进入职场不久,在工作之余,她总是采用粉蓝、粉绿、粉红或粉白色的眼影,粉红或粉橘色腮红,以及自然系的唇彩或口红,为自己化"清纯少女妆",让自己看起来青春靓丽。

然而在工作场合,小倩毅然地放弃了"清纯少女妆",化起了整洁、端庄的"白领丽人妆":不脱色粉底液,修饰自然、稍带棱角的眉毛,与服装色系搭配的眼影、眼线,再加上自然的唇型和略显浓艳的唇色。整个妆容清爽自然,尽显自信、成熟、干练的气质。

一年以来,小倩以自己得体的外在形象、勤奋的工作态度和出色的工作水平,赢得了公司同仁的好评。

想一想

小倩的妆容转变说明了什么问题?你认为妆容是否会对工作产生影响?

2.1 仪容礼仪

仪容通常是指人的外观、外貌,它是由发型、面容及人体未被服饰遮掩的肌肤(如手部、颈部等)组成的。保持仪容的干净、自然、整洁是最基本的礼仪,能给他人留下美好的第一印象。仪容可以体现出一个人的修养和内在品质,保持良好的仪容能为人际交往创造良好的开端。

2.1.1 头发的修饰

1. 头发的护养

为了保持头发整洁、健康、无异味,每个人都应做好头发的护养工作,具体包括头发的清洗、护理和梳理。

1）头发的清洗

保持头发卫生、健康的主要方法是清洗头发。通常来说，头发每 2~3 天就应当清洗一次。清洗头发时，应注意以下事项。

（1）水温。宜选用 40 ℃左右的温水，切勿用过冷或过热的水冲洗头发，否则会洗不净油脂或损伤发丝。

（2）洗发剂。宜选用适合自己发质的洗发剂。人的发质大致可分为中性、干性和油性三种，可按照洗发剂外包装上的说明选择与自己发质相符的产品。

（3）清洗手法。清洗头发时，应用双手的指腹打圈按摩头皮，而不要用指甲抓挠头皮。

（4）干燥方法。湿发最好自然晾干。若使用吹风机吹干头发，则应使吹风机与头皮保持一定的距离，以避免头发温度过高，导致发丝受损。

2）头发的护理

护理头发时，应注意以下事项。

（1）按摩头部。每次洗发前后，可按摩头皮数分钟，以促进头发生长，防止或减少脱发。按摩时，将十指分开，从前向后打圈揉按头皮，反复多次。

（2）使用护发剂。洗完头发后，可使用发乳、发油等护发剂为头发补充营养，以使头发柔软、亮泽并富有弹性。但使用护发剂不能太过频繁，以每周 1~2 次较为合适。

3）头发的梳理

梳理头发可以促进头部的血液循环，并使头发整齐美观。梳理头发时，应注意以下事项。

（1）梳理工具。应选用木制梳子或牛角梳子梳理头发，而不宜用塑料梳子梳头。因为用塑料梳子梳头容易起静电反应，导致发质受损。

（2）梳理方法。梳理头发时，将梳子与头发形成一定角度，然后用适度的力量朝某一个方向反复梳理，以促进头部血液循环。每次梳头 25~50 下，动作不要太快，用力要均匀适度，以免损伤头发。

（3）梳理场合。梳理头发应在私密场合进行，切勿在公共场合进行，否则有失礼仪，影响个人形象。

2．头发的修剪

修剪头发是保持头发整洁、美观的重要途径。头发要定期修剪，尤其是短发，每月应修剪 1~2 次。留长头发的女士应将枯黄、开叉的发梢剪掉，以保持头发顺滑和美观。

3．发型的选择

选择发型时，除了考虑个人品位和流行时尚等因素之外，还应综合考虑自身的脸型、体型、年龄、服饰、职业等因素。

1）发型与脸型协调

与脸型相协调的发型不仅可以扬长避短地修饰脸型，而且还能增强发型自身的整体美感。不同脸型的人在选择发型时，应注意以下事项。

（1）椭圆形脸型。这是一种比较标准的脸型，适合很多发型，并能达到和谐的效果。这种脸型的人在选择发型时最好露出额头，不要留刘海。

（2）圆形脸型。这种脸型适合较多发型，但切记不要选择中分发型。所选发型的刘海应尽量与旁边的头发连成一片，以使脸部线条利落有型。

（3）菱形脸型。这是一种颧骨较高的脸型。这种脸型的人在做发型时应重点考虑颧骨突出的问题，可用脸颊两侧的头发适当遮盖颧骨，同时把刘海做蓬松，但不要打薄，以使额头显得宽一些。

（4）三角形脸型。这种脸型的人比较适合中长发，做发型时应将前额的头发打理得伏贴一些，将落在下巴处的头发打理得蓬松一些。

（5）方形脸型。这是一种较刚毅的脸型，缺乏柔和感。这种脸型的人适合留长而直的披发，不适合留短发，在做发型时应注意适当露出颧骨，以增强脸部的立体感，并通过将上方头发梳高来从视觉上增加脸部长度。

（6）长形脸型。这种脸型的人在做发型时应尽量避免把脸全部露出；可留刘海，发型上端以卷发为佳，同时尽量使两侧头发有蓬松感，并可利用发饰来转移他人的视线重心；不宜留长直发。

2）发型与体型协调

发型会对体型的整体美产生极大的影响。不同体型的人在选择发型时应注意以下事项。

（1）高大、强壮型的人。这种体型的人应选择显得洒脱的发型，以避免给人笨重、迟钝、呆板、生硬的印象。这种体型的女士可选择短直发，也可选择大波浪卷发，显得大方、自然。

（2）高瘦型的人。这种体型的男士适合蓬松的短发，因为蓬松的短发能够更好地勾勒出脸部轮廓，使人显得硬朗、有气质。这种体型的女士适合留长发、直发和大波浪卷发，还可适当增加一些发饰；不宜留短发或盘高发髻，否则会给人更加高瘦的感觉。

（3）矮小型的人。这种体型的男士适合留超短碎发（碎发可以起到增高的视觉效果），还可以通过烫发增加头发的厚度，让自己显得高挑、精神。这种体型的女士适合留短发或将头发盘高，以便自己从视觉上看起来更高；不宜留长发或蓬松的发型，那样会让自己显得更加矮小。

3）发型与年龄协调

发型可反映一个人的精神状态。为自己选择的发型要与自己的年龄相符合，千万不可与年龄相差甚远。一般来说，年轻人的发型要给人留下活泼、清新的印象，突出自然风韵之美；年长者的发型要给人留下精神、温婉可亲的印象，突出端庄之美。

4）发型与服饰协调

发型与服饰有着密切的关系。为体现服饰美，发型应根据服饰的变化而变化。穿礼服或制服时，女士可选择短发或将头发盘起来，以显得大方、端庄；穿休闲服或轻便服时，无论男女都可选择适合自己脸型的发型，以显得自然、清爽。

5）发型与职业协调

职业、工作环境不同，发型也应有所区别。在学校、医院、金融机构和政府机关等单位工作的人，所选的发型应庄重、大方；从事艺术工作的人员，发型应时尚、新潮；在社交场合，发型应简约、自然。

2.1.2 面部的修饰

1．保持清爽

保持面容清爽最基本的方法是清洁和护理。

1）清洁

面部清洁应做到早晚各一次。洗脸水的温度以 40 ℃左右为宜。洗脸时，应选用符合自身肤质的洁面产品，涂在掌心用水揉开，然后均匀地抹在脸部、耳朵、脖颈处，从下往上、从内向外打圈揉搓并反复多次，再用清水洗去泡沫。

做面部清洁时，还应注意清理鼻腔并保持鼻部无"黑头"，清理口腔并保持口气清新。

2）护理

洗完脸后，应取适量眼霜涂抹在眼部，取适量爽肤水轻拍于面部，然后涂抹合适的润肤产品，以补充皮肤所需养分，保持面部润泽、光洁、清爽。

2．适当化妆

在社交活动中，适当化妆可以体现一个人的气质和修养，也可以表达对交际对象的尊重。

1）化妆原则

化妆的总原则是少而精，具体应把握个性、自然、协调三个原则。

（1）个性。化妆应因人而异。化妆时应根据脸型与五官的特点确定修饰方法，扬长避短，从外形上充分展现自身的风格或气质。

（2）自然。化妆时应力求妆容自然、真实，尽量使面容看不出明显的修饰痕迹，切忌过分修饰。

（3）协调。整个妆容应与年龄、衣着、身份、场合相协调，给人留下整洁、雅致、恰到好处的印象，如工作场合的妆容宜为淡妆，宴会或舞会等场合的妆容宜为浓妆等。

2）女性妆容

女性妆容有日常妆和宴会妆之分。日常妆比较淡雅，主要适用于日常工作与生活场合；而宴会妆则较为浓艳，主要适用于晚会、宴会、舞会等场合。无论是化日常妆还是化宴会妆，都需要选择合适的彩妆产品，并按照正确的步骤进行。

（1）选择合适的彩妆产品。

常用的彩妆产品（见图 2-1）包括粉底（包括粉底液、粉底霜、粉饼等）、蜜粉（散粉）、眉笔（或眉粉）、眼影、腮红、眼线笔（或眼线液）、睫毛膏和唇彩（或口红）等。粉底产品的选择应根据自己的肤色和肤质进行，粉底颜色以接近肤色为宜；眉笔的颜色应与头发的颜色相近；眼影、腮红和唇彩（口红）的选择则应根据妆容的风格进行。一般情况下，彩妆产品的销售区域都有专业人员提供导购服务。需要彩妆产品的女士可在购前向导购咨询，或者试用导购推荐的产品。此外，女士在选择彩妆产品的同时，还需购置常用的化妆工具（见图 2-2），如眉钳（或眉刀）、粉刷（或粉扑）、睫毛夹、腮红刷和眼影刷等。

图 2-1　常用的彩妆产品

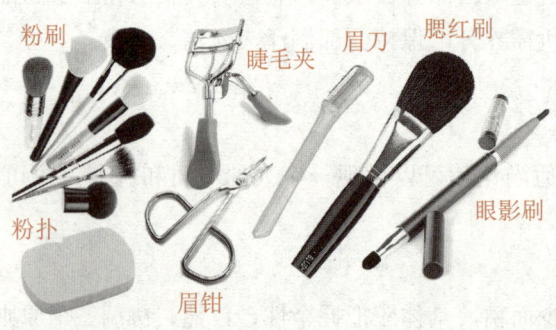

图 2-2　常用的化妆工具

（2）化妆的主要步骤如下。

◇ **打粉底**。打粉底的目的是调整皮肤颜色，使皮肤平滑、细腻、有光泽。打粉底时，粉底应轻薄，并与肤色自然融合，而不可涂抹得过多、过厚；粉底涂抹应过渡自然，切忌在发际线边缘、脸部两侧、脖颈处留下明显的分界线。

◇ **定妆**。用粉刷蘸取少许蜜粉，轻刷于面部与颈部，以减弱粉底的油光感并固定底

模块 2　个人形象礼仪

妆。对于油脂分泌旺盛的部位（如额头、眼角、鼻翼、嘴角等处）可多刷点蜜粉。这样可以增强粉底附着力，使妆容持久，还能提高肌肤的光泽度。

◇ **修饰眉毛**。用眉笔或眉粉沿着眉毛生长的方向轻轻地描画，确保眉头浅、眉峰深、眉尾清晰，以使眉形具有立体感。描出的眉形应与本人的年龄、脸型和性格相称。描眉之后，用眉刷将眉毛轻刷一遍，以使眉毛整齐、伏贴。

礼仪知识窗

修眉的方法

描眉需要在眉形已经修整的情况下进行。修眉的方法如下。

第一次修眉前需要确定眉形，此时可借助眉笔勾画眉形。其中，眉头、眉峰和眉尾的位置（见图2-3）可用以下方法确定：眉毛上位于鼻翼与内眼角连线延长线位置的是眉头，位于鼻翼与瞳孔连线延长线位置的是眉峰，位于鼻翼与眼尾连线延长线位置的是眉尾。

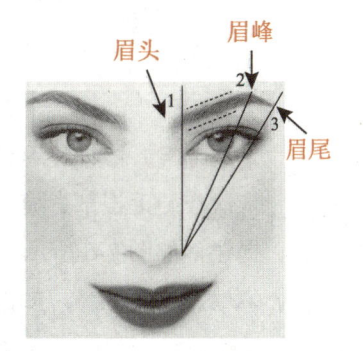

图 2-3　眉头、眉峰和眉尾的位置

确定眉形后，用眉钳拔除或用眉刀刮掉眉毛下沿和眉毛两端的散眉，直至获得理想的眉形。拔眉前可用热毛巾在眉毛处热敷2分钟，拔眉时略拉紧眉部的皮肤，沿眉毛生长方向一根一根地拔，能更加轻易地将眉毛拔出。当先前清除掉的眉毛又长出时，需要再次进行修眉。

◇ **涂眼影**。眼影的主要功能是强化眼部的立体感。女士在涂眼影时，可用眼影刷蘸取少量浅色系眼影，先由上眼皮中部向眼尾，再由眼窝向上眼皮中部刷上轻薄均匀的一层，然后将与该浅色系眼影搭配的深色眼影涂于眼尾处，并用眼影刷自外眼角向眼窝方向呈放射状均匀晕染，使其与浅色眼影自然融合。眼影效果如图2-4所示。

图 2-4　眼影效果

◇ **画眼线**。眼线可以很好地改善眼睛轮廓，使眼睛生动有神。画上眼线时，应用眼线笔或眼线液沿着睫毛根部由内眼角向外眼角方向分段描画，并用眼影刷晕染均匀，眼尾部分的线条可比眼头部分的线条略粗或往上提拉，以使眼睛显得更大。画下眼线时，应从外眼角向内眼角方向分段描画，并在眼睛中部收笔，以呈现较为自然的效果。上眼线应比下眼线稍长一些，且一般不与下眼线相连。眼线效果如图2-5所示。

图2-5　眼线效果

◆ **修饰睫毛。** 修饰睫毛可使眼睛显得更大、更有神。修饰睫毛时，可以先用睫毛夹依次在睫毛根部、睫毛中部和睫毛前端三个位置稍微用力夹紧，停顿几秒并轻轻提拉，如图2-6所示，使睫毛卷曲上翘；然后顺着上睫毛和下睫毛的生长方向均匀地涂刷睫毛膏，如图2-7所示，使睫毛定型并显得更加浓密、修长。

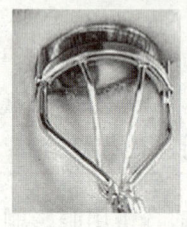 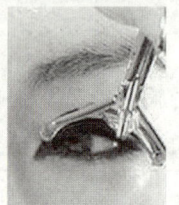  

图2-6　夹睫毛　　　　　　　　　图2-7　刷睫毛

◆ **打腮红。** 打腮红（见图2-8）可以改善肤色并增强面部立体感。用腮红刷蘸取少量腮红轻轻刷于颧骨上方，然后由发际线向脸颊逐渐晕开，使腮红颜色与肤色自然融合。

图2-8　打腮红

◆ **修饰唇形。** 先涂一层润唇膏滋润双唇，然后选用颜色略深于口红或唇彩的唇线笔，勾画出理想的唇形，再用唇刷蘸取口红或唇彩涂抹双唇。修饰唇形时，若嘴唇上有翘起的死皮,则应先去除死皮;唇线应与嘴唇融为一体,而不可勾勒得过于明显。同时,口红或唇彩的颜色应与眼影、腮红的颜色相协调。

◇ **检查修正**。化妆完成后,应当全面、仔细地检查妆容的效果。若发现问题,则应及时修正,以使妆容保持理想状态。

(3)及时补妆。

女性外出时,面部的妆容通常会因说话、进食,或者皮肤分泌的油脂、汗水等而发生脱落,因此需要及时补妆。补妆应在化妆间或洗手间进行,不能在书店、路边、剧院、车站或商场的购物区等公共场所进行。

 礼仪知识窗

卸妆小知识

在学会化妆的同时,应适当了解一些卸妆知识。科学的卸妆有利于保养面部肌肤,保证日后的上妆效果。下面将简单介绍常用的卸妆产品和工具、卸妆顺序、卸妆方法。

(1)常用的卸妆产品和工具。

常用的卸妆产品有清洁霜和卸妆油,卸妆工具有棉签和化妆棉等。

(2)卸妆顺序。

一般而言,卸妆应先局部后整体,其具体顺序为"睫毛—眼线—眼影—眉毛—嘴唇—面部"。

(3)卸妆方法。

① 眼部卸妆。为眼部卸妆时,应着重清洗睫毛膏和眼线。若睫毛膏或眼线没有防水性,则可用化妆棉或棉签蘸取适量卸妆油涂于眼皮和睫毛上,然后顺着眼皮纹理和睫毛将睫毛膏和眼线擦拭干净即可;若睫毛膏或眼线具有防水性,则可先用剪成条状的化妆棉蘸取少许卸妆油贴于眼皮和睫毛上,待眼妆充分溶解后,再按上述方法清理干净即可。

② 唇部卸妆。为唇部卸妆时,可用化妆棉蘸取少许卸妆油轻敷双唇数秒,待口红或唇彩溶解后,先横向擦拭唇部,再擦拭嘴角。擦拭干净后,应使用润唇膏滋润唇部,以免唇纹加深。

③ 面部卸妆。用化妆棉取适量的清洁霜均匀地涂于面部和颈部,然后用指腹螺旋式地轻柔脸颊、额头、鼻翼、颈脖等部位,待面部污垢与清洁霜完全融合后将其一起洗掉,最后用干净的纸巾由内侧向外侧将面部擦拭干净。

卸妆完毕后,应用洗面奶清洗面部,并用保湿护肤品为肌肤补充水分。

3）男性妆容

男性妆容的修饰主要是剃须修面，其操作顺序一般从鬓角开始，再到脸颊、脖子、嘴唇周围及下巴。若留有胡须，则应将其修理成型；若鼻毛过长，则应定期修剪，切忌让其露出鼻腔。

随着时代的发展和观念的转变，化妆不再是女性的专利。不少男士为了延缓皮肤衰老，或者让自己显得更有魅力，也会尝试使用一些化妆品，如隔离霜、遮瑕膏、眉粉、润唇膏等。需要注意的是，男性应尽量选择质地清爽、气味较小的化妆品，不要过度化妆。

2.1.3 手部的修饰

1．手部的清洁与护理

饭前便后及接触脏物后，应马上洗手，以保持双手清洁、卫生。

洗手的基本步骤（见图2-9）如下：① 双手相对而搓；② 双手指缝交叉搓洗；③ 握洗拇指；④ 搓洗手背；⑤ 五指并拢在另一只手心中搓洗指甲缝。

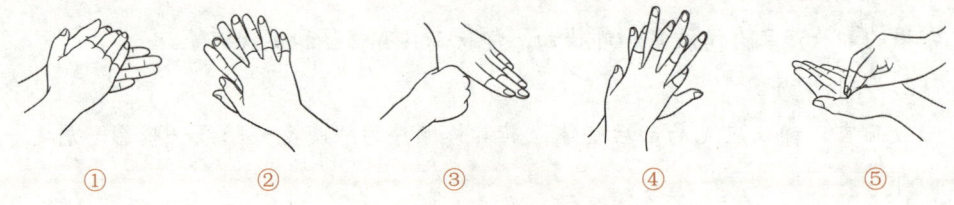

图2-9　洗手的基本步骤

洗手后，应及时涂抹护手霜，以使手部肌肤保持润泽。

2．指甲的修剪与修饰

修剪指甲时，可根据手型剪出不同的甲形，如方形指甲、方圆形指甲（指甲前端和侧面是直的，而棱角处是圆弧形）、椭圆形指甲等，以弥补手型的不足。需要注意的是，修剪指甲应避免在公共场合进行，否则是有失礼仪的。

女士还可以根据场合、服装等因素适当地给指甲美容，如染指甲等。染指甲时，应选择与口红或唇彩颜色相匹配的指甲油，顺着指甲纹理均匀地涂抹。同样，染指甲不能在公共场合进行。

2.2 仪态礼仪

仪态是指人在行为中所展现出来的各种举止神态和风度，主要包括站姿、坐姿、走姿、蹲姿、表情及手势等。一个人仪态端庄、举止文雅、落落大方，往往能给人以良好的印象。遵守仪态礼仪有利于与他人建立良好的人际关系。

2.2.1 站姿礼仪

站姿是人最基本的姿态。正确的站姿能够展现出一个人良好的气质和风度，给人以精力充沛、充满自信的印象。

1. 站姿基本要领

总地来说，站姿的基本要领有以下几点。

（1）头正。双目平视，颈部挺直，下颚微收，表情自然。

（2）肩展。双肩舒展、放平，自然放松，稍向下沉。

（3）臂垂。双臂放松，双手自然垂于身体两侧，手指并拢、自然弯曲。

站姿礼仪

（4）挺胸。后背挺直，胸部舒展、自然上挺。

（5）收腹。腰部挺直，腹部微微紧收，保持自然呼吸。

（6）提臀。臀部肌肉向内、向上收紧。

（7）腿直。双腿挺直，双膝紧贴，腿部肌肉向内收紧，身体重心置于双腿之间。

2. 男士站姿

男士站姿应稳健、刚毅、洒脱，体现阳刚之美。一般来说，男士在社交场合可采用前腹式站姿和后背式站姿，具体要求如下。

1）前腹式站姿

双手交叉于腹前，左手握住右手手腕，双脚分开（双脚外侧之间的距离以不超过肩膀的宽度为宜），身体重心落于两脚之间，如图 2-10（a）所示。脚部疲惫时还可使身体重心在两脚间轮换。这种站姿略显自由，适用于一般社交场合。

2）后背式站姿

双手交叉于背后，左手握住右手手腕，自然贴于背部，双脚分开（双脚外侧之间的距离以不超过肩膀的宽度为宜），如图 2-10（b）所示。这种站姿略带威严感，适用于较为正式、严肃的迎送场合。

（a）前腹式站姿　　　　　　（b）后背式站姿

图 2-10　男士站姿

3. 女士站姿

女士站姿应优美、庄重、大方，体现柔和轻盈之美。一般而言，女士的站姿主要分为丁字步站姿和扇形站姿。

1）丁字步站姿

双手虎口交叠于腹前，贴于肚脐处，手指伸直但不外翘，双腿并拢，膝盖紧贴，一只脚的脚跟靠在另一只脚的脚窝处，站成小丁字步，如图 2-11（a）所示。这种站姿礼仪性较强，适用于较正式的迎送场合。

2）扇形站姿

双手交叉握于腹前，双腿、脚跟并拢，双脚脚尖分开约成 60°，站成小八字步，如图 2-11（b）所示。这种站姿较为自由，适用于不太正式的社交场合。

（a）丁字步站姿　　　　　　（b）扇形站姿

图 2-11　女士站姿

模块 2　个人形象礼仪

> **礼仪训练营**
>
> 同学们可采用以下几种方法练习站姿。
>
> （1）背靠背站立法。两人一组，背靠背站立，两人的后脚跟、小腿、双肩、脑后枕部相互紧贴。
>
> （2）九点靠墙练习法。靠墙站立，并使两只脚后跟、两个小腿肚、两个臀尖、两肩和后脑勺都贴着墙。
>
> （3）顶书练习法。男同学按照标准站姿站好，头顶一本书保持平衡。女同学除了要头顶一本书，还要在双膝之间夹一张纸进行练习。

4．站姿礼仪禁忌

站立时，切忌出现以下姿态。

（1）膝盖伸不直，给人一种无精打采的感觉。

（2）弯腰驼背，叉腰屈腿，两肩一高一低。

（3）在正式场合，将双手插于衣兜，用双手搓脸、拨弄头发或抱肘于胸前。

（4）斜靠在马路旁的树干、招牌、墙壁或栏杆上。

（5）两脚分得很开，或两腿交叉站立。

（6）一条腿弯曲并抖动，用脚打拍子或不停地划弧线。

（7）不停地摇摆身子，扭捏作态。

（8）与他人勾肩搭背。

2.2.2　坐姿礼仪

坐姿礼仪

坐姿是人在入座、在座、离座时的姿态。在社交场合，无论是男士还是女士，其坐姿都应给人以端正、大方、自然、稳重之感。

1．坐姿基本要领

坐姿的要求是"坐如钟"，基本要领如下。

（1）入座时要轻、稳、缓。就座时先走到座位前，转身背对座椅，然后右脚向后退半步，轻稳地坐下。如果女士穿着裙装，那么落座时要用双手把裙子从臀部上方向臀部下方轻拢一下，以保持裙边平整、不起皱，并防止走光。不要在落座后再拉拽衣裙，否则有失文雅。在正式场合，一般从椅子的左侧入座，离座时也要从椅子左侧离开。如果椅子位置不合适，需要挪动椅子，则应先把椅子移至合适的位置，然后入座，不要坐在椅子上移动座椅。

（2）入座后，应只坐椅面的 1/2 或 2/3，而不宜坐满椅面；挺胸，立腰，双肩平正放松，双膝自然并拢，双腿自然弯曲，双脚并拢或摆放成"V"字形，双手分别放在双膝上或放在座椅扶手上，女士可将双手叠放在大腿上；双目平视，下颚微收，面带微笑；与邻座交谈时应根据交谈对象的方位将身体及双膝侧转向交谈对象。需要注意的是，男士的两膝可分开一拳左右的距离，双脚可稍微分开；女士不能分开双膝，特别是身穿裙装的时候。

（3）离座时，右脚向后收半步，然后起立。起身时应轻缓自然，不要拖泥带水，也不要弄得座椅乱响，或者将椅垫、椅罩碰落到地上。

2. 男士坐姿

在社交场合，男士的坐姿主要分为开膝式坐姿和重叠式坐姿两种。

1）开膝式坐姿

上身与大腿、大腿与小腿、小腿与地面均成直角，双膝、双脚自然分开（不超过肩宽），脚尖朝前，双手分别放于两腿上，如图 2-12（a）所示。

2）重叠式坐姿

上身保持端正，左小腿垂直于地面，右腿叠于左腿上，右小腿向里收，右脚脚尖向下压，双手互握置于右腿上，如图 2-12（b）所示。采用这种坐姿时，交叠的双腿可以互换位置。

（a）开膝式坐姿　　　　　　　（b）重叠式坐姿

图 2-12　男士坐姿

3. 女士坐姿

在社交场合，女士的坐姿主要分为标准式坐姿、侧点式坐姿、交叉式坐姿和重叠式坐姿四种。

1）标准式坐姿

上身与大腿、大腿与小腿、小腿与地面均成直角，双腿并拢，双膝紧贴，双脚并排靠拢，双手虎口交叠于左腿上，如图 2-13（a）所示。

2）侧点式坐姿

上身端正，双膝紧贴，两小腿并拢且平移至身体一侧，与地面约成 45°，双脚平放或脚尖点地，双手互握于腹前一侧，如图 2-13（b）所示。

3）交叉式坐姿

上身端正，双膝紧贴，双脚在踝关节处交叉并略向身体一侧倾斜，一只脚脚掌着地，另一只脚脚尖点地，双手互握置于腹前一侧，如图 2-13（c）所示。采用这种坐姿时，也可将双脚交叉并略向后屈。

4）重叠式坐姿

上身端正，右腿叠于左腿之上，右脚挂于左脚踝关节处，脚尖向下，两小腿略向身体左侧倾斜，与地面约成 45°，如图 2-13（d）所示。这种坐姿也可以交换两腿的上下位置，将左腿叠于右腿之上，并将两小腿略向身体右侧倾斜。

（a）标准式坐姿

（b）侧点式坐姿

（c）交叉式坐姿

（d）重叠式坐姿

图 2-13　女士坐姿

4．坐姿礼仪禁忌

落座后，切忌出现以下姿态。

（1）身体后仰，或者瘫坐在椅子或沙发上。

（2）双手环抱膝盖、夹在两腿之间或放在臀部下面。

（3）跷二郎腿、双腿叉开或者双腿伸得很远。

（4）抖动脚部、蹬踏他物或脚尖指向他人。

 礼仪训练营

同学们在老师的带领下练习入座、在座、离座的动作，以及男士、女士的各种坐姿；然后以小组为单位进行自由训练；最后，请同学们分组展示男士和女士的正确坐姿，以及需要避免的坐姿。

2.2.3 走姿礼仪

走姿是人在行走过程中形成的姿态。正确、优美的走姿能够展现良好的精神状态，给人以美的享受。

走姿礼仪

1．走姿基本要领

（1）步态端正。行走时昂首挺胸，收腹提臀，双肩放平、下沉，双目平视，重心稍向前倾，双臂自然地前后摆动，摆幅为30～40厘米，前摆幅稍大于后摆幅；掌心朝内，手指自然弯曲；脚尖朝向正前方，脚跟先于脚掌着地，脚尖蹬地不断前行。

（2）步位平直。步位是指脚落地的位置。行走时，男士应两脚平行，两脚内侧着地的轨迹不在同一条直线上，步位路线呈两条平行线；女士的步位路线应尽可能呈一条直线。

（3）步幅适中。步幅是指跨步时两脚之间的距离。男士的步幅一般约为75厘米，女士的步幅一般约为70厘米。

（4）风格有别。男士应步伐矫健、稳重，展现阳刚之美；女士应步伐轻盈、娴雅，展现阴柔之美。

礼仪训练营

同学们可按照以下方法练习走姿。

（1）女生沿着画的直线或地面砖的直线缝隙进行直线行走练习，男生则沿着两条平行线进行直线行走练习。

（2）以立正姿势站好，头顶一本书练习走姿。行走时，注意挺胸、收腹，保持合适的步幅和节奏，手臂自然摆动。

模块 2　个人形象礼仪

2. 走姿礼仪禁忌

走路时，切忌出现以下姿态。

（1）弯腰驼背。

（2）走八字步。

（3）走路时用脚拖地、跳着走路或踮脚走路。

（4）身体不稳、摇头晃脑或晃臂扭腰。

（5）上下楼梯时弯腰弓背、手撑大腿或一步跨两三级台阶。

（6）行走时与其他人离得太近或与他人发生肢体碰撞。

（7）多人一起并排行走或勾肩搭背。

（8）行走时尾随他人或对他人指指点点。

 礼仪故事屋

小李的疑惑

小李和小王都是成绩优秀的学生。然而，每次学校举办大型活动时，班主任都会让小王代表班级发言、领奖。小李百思不得其解，他向朋友抱怨道："班主任为什么总是让小王当代表，而对我的才能视而不见呢？"朋友说："如果是我，我也会用小王。虽然你们的能力差不多，但是你们给人的整体感觉不一样。小王平时行姿端正，步伐稳健有力，行走如风，显得沉稳、大方、干练，充满活力与自信；而你走路时总是弯腰驼背，给人一种缺乏活力且十分不自信的感觉。班主任让小王当代表，自然比让你当代表放心。"

2.2.4　蹲姿礼仪

蹲姿是人由站立的姿势转变为两腿弯曲和身体高度下降的特殊体位时的姿势。正确、恰当的蹲姿能够体现良好的修养和风度，反之则会有损形象。

蹲姿礼仪

1. 蹲姿基本要领

蹲姿的总体要求是迅速、美观、得体，其基本要领如下。

（1）上身保持端正，脊背挺直，一只脚后撤半步，前方的脚全脚掌撑着地，后方的脚脚跟离地，身体重心落在位于后方的腿上，然后直腰下蹲，平缓屈腿，臀部下移，双腿合力支撑身体，双膝一高一低，双手分别放在双膝上。

（2）起身时，应挺直腰部，平稳起立，收步站好。

2. 常用的蹲姿

1）高低式蹲姿

下蹲时，左脚在前，脚掌完全着地，右脚在后，脚掌着地，脚跟提起；屈腿下蹲后，左小腿基本垂直于地面或与地面成 60°，右腿居后，右膝低于左膝，形成左高右低的姿态。采用这种蹲姿时，左、右脚可以互换。男士采用这种蹲姿时，可将两腿适当分开，如图 2-14（a）所示；女士采用这种蹲姿时，应将两腿靠拢，并可略微侧转上身，如图 2-14（b）所示。

2）交叉式蹲姿

下蹲时，左脚在前，脚掌完全着地，右脚在后，脚掌着地、脚跟提起；屈腿下蹲后，左小腿基本垂直于地面，右腿从左腿下方伸向左侧，两腿交叉重叠，合力支撑身体，腰背挺直、略向前倾，如图 2-15 所示。这种蹲姿的造型优美典雅，适用于女性。采用这种蹲姿时，可左、右腿互换。

（a）男士高低式蹲姿　　（b）女士高低式蹲姿

图 2-14　高低式蹲姿　　　　　　　　　　图 2-15　交叉式蹲姿

3. 蹲姿礼仪禁忌

下蹲时切忌出现以下姿态。

（1）弯腰拾取物品时两腿叉开、臀部向后撅起，或者两腿张开、平衡下蹲。

（2）下蹲时东张西望或弯腰驼背。

（3）下蹲速度过快。

（4）下蹲时露出内衣。

（5）蹲在椅子上，或者在公共场合蹲着休息。

2.2.5　表情礼仪

表情是指人的面部情态。表情是一种无声的语言，是人的思想感情和内在情绪的外在

模块2 个人形象礼仪

表现，是人们在人际交往中相互沟通的形式之一。人们用表情表达情感时，目光和笑容是最具表现力的。

 礼仪小贴士

> 美国心理学家艾伯特·梅拉比安把人的情感信息表达效果总结为一个公式，即信息的总效果=7%的书面语言+38%的音调+55%的面部表情。

1. 目光

目光也称眼神，是面部表情的核心，它能够生动地反映一个人的心理活动。在社交活动中，目光亲切、友善、炯炯有神，有助于树立良好的交际形象。

1）目光的影响因素

目光主要受注视角度、注视部位和注视时间的影响。

（1）注视角度。注视的角度不同，目光的含义也不同。

- **俯视**：一般表示爱护、宽容或傲慢、轻视。
- **正视**：一般表示平等、公正或自信、坦率。
- **仰视**：一般表示尊敬、崇拜或期待。
- **斜视**：一般表示怀疑或轻蔑。

在社交活动中，应多用平视或仰视的目光注视交际对象眼鼻之间的部位，表示重视对方或对其发言颇感兴趣。

（2）注视的部位。在社交活动中，在不同场合或面对不同对象时，目光注视的部位是有所差别的。

- **公务注视**：在办公场合或公务活动中，目光一般应注视交际对象额头与双眼之间的区域，以表示严肃、认真或有诚意。
- **社交注视**：在茶话会、朋友聚会等一般社交场合，目光一般应注视交际对象双眼与嘴唇之间的区域，以表示尊重或重视对方。
- **亲密注视**：在与关系密切的人（如亲人、恋人等）交往时，目光可注视对方双眼与胸部之间的区域，以表示亲近、友善。

（3）注视的时间。一般情况下，目光注视对方的时间宜占与之相处时间的30%~60%，以表示友好和重视；注视时间不到全部相处时间的30%，往往意味着轻视；而注视时间超过全部相处时间的60%，则往往意味着有敌意或有寻衅滋事的嫌疑，是非常失礼的行为。

2）目光的运用

在社交活动中，应善于灵活地运用目光，并注意以下事项。

（1）被介绍给他人时可注视被介绍人稍久一点儿，并微微点一下头，以示尊重。

（2）在谈话过程中，若交际对象因说错了话而感到害羞或不安，则应用柔和的目光继续注视对方，而不应马上转移视线，以免使其感到尴尬；若与交谈对象谈话时出现冷场现象，则不宜继续注视对方，以免尴尬加剧。

（3）为他人送别时应用惜别的目光目送对方，直至其走远且不再回头后再收回目光，以示尊重。

2. 笑容

笑容是人际交往中的一种润滑剂，可以有效地增添自信、美化形象、传递友好、消除隔阂及缩短与交际对象之间的心理距离，为进一步的沟通与交往营造良好氛围。

1）笑容的种类

笑容主要可以分为以下几种。

（1）含笑，即不出声，不露齿，只是面带笑意，通常表示友善或接纳。

（2）微笑，即嘴角微微上扬，唇部呈弧形，齿不外露，面带笑意，通常表示自信或友好。

（3）轻笑，即嘴巴微张，嘴角上扬，露出上齿，喜形于色，不发出笑声，通常表示欣喜或愉快。

2）笑容的要求

（1）笑容和谐。笑的时候应协调眉毛、眼神、嘴巴、牙齿和面部肌肉，展示亲切、大方的和谐美。

（2）声情并茂。笑的时候应注意将笑容与美好的举止、优雅的谈吐相结合，使其相得益彰。

（3）发自内心。笑的时候必须真诚自然、表里如一，切忌强颜欢笑、假意奉承、放肆大笑或者假笑、冷笑、怪笑、傻笑、媚笑、窃笑等。

礼仪故事屋

> **笑容的力量**
>
> 在某宾馆，一位客人外出后，他的一位朋友来访，要求进入这位客人的房间等候。由于这位客人事先没有留言交代，因此总台服务员没有答应来访人员的要求。客人回来后见朋友坐在大堂沙发上，十分不悦，与服务员争执起来。
>
> 大堂经理小李闻讯赶来，刚开口解释，客人就把她当作泄怒的对象，指着她呵斥起来。小李明白在这种情况下做任何解释都是毫无意义的，于是采取冷处理的办法——让客人尽情发泄情绪，自己则默默地注视着客人并"洗耳恭听"，脸上始终保持着亲切友好的微笑。等到客人把话说完并平静下来后，小李才心平气和地告诉客人酒店的有关规定，并对刚才发生的事情表达歉意。客人接受了小李的劝说，并诚恳地表示："你的微笑征服了我。我刚才那么冲动，真的很不应该！希望下次来宾馆时能有幸再见到你亲切的微笑。"

模块 2　个人形象礼仪

2.2.6　手势礼仪

手势是一种极具表现力的肢体语言。手势的美是一种动态美，若表现得恰当，可给人以优雅、含蓄、彬彬有礼之感。

1．手势运用原则

（1）手势应规范、美观。使用手势时应热情、大方，确保手势与身体姿态相协调。同时，手势应给人一种优雅、含蓄之美，其动作幅度不要太大。

（2）注意手势含义的地域性差异。同一地域的手势往往具有约定俗成的含义。不同地域或国家的手势含义往往具有很大差异。因此，在有外国人的场合使用手势时应当注意手势含义的差异。

（3）使用手势应适度。手势的使用频次不宜过高，否则有可能适得其反。在人际交往活动中，说话时全程比划或手舞足蹈是令人生厌的。

2．常用手势

1）引领他人

在社交场合，人们在为他人指示方向、请他人进门、请他人坐下等情况下，都需要用到引领手势。

引领手势的基本要领如下：五指并拢，掌心向上，身体略微前倾，面带微笑，在注视目标方向的同时兼顾对方是否会意，以肘关节为轴挥动手臂，为他人指示方向。常用的引领手势如图 2-16 所示。

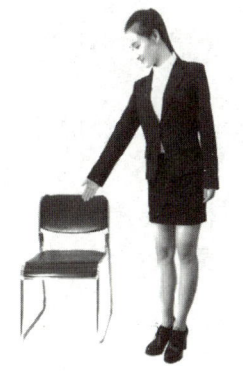　　　　

　（a）请坐　　　　（b）请往前走　　　（c）请进　　　（d）里边请　　　（e）大家请

图 2-16　常用的引领手势

2）递接物品

一般而言，递接物品时应起身站立，然后用双手递送或接取物品，同时，上身略向前倾。若不方便双手并用，则可用右手递接，切忌仅用左手递接；若递接双方距离过远，则应先主动走近对方，再用双手递接。需要注意的是，在递送带尖、带刃或其他易伤人的物品时应将尖、刃朝向自己，以免不小心伤到对方。

3）举手致意

在社交场合，有时需要举手向他人表示问候、致敬、感谢。例如，在相距较远又不能高声应答的情况下，悄然无声地举手致意可以将自己对他人的友好情意传递出去。

举手致意时手臂不能乱摆动，正确的做法如下：全身直立，面向对方，至少上身与头部要朝向对方；目视对方，面带笑容；右手手臂伸至肩部上方；掌心朝向对方，指尖朝上，轻轻摆动几下手掌。

文明守礼润人心

杭州亚运礼仪"细到指尖"

礼仪引导中，一个很常见的动作是"请跟我来"。

从外人看来，这不过是一伸手，一指引。但实际上，礼仪员的抬臂姿势、肘关节弯曲弧度、手指张握力度，都影响着一次优美引导的形成。

在亚运赛场上，杭州将怎样向世界展示礼仪之美？

2023年4月，杭州亚运会和亚残运会颁奖礼仪、升旗手志愿者首次专项培训在浙江交通职业技术学院举行，集中6所高校500余名志愿者进行为期4天的专项培训，分组模拟演练颁奖全流程、流线及对时间节点和信号源的配合。

参加培训的志愿者中，礼仪员有300余人。培训导师、北京市外事学校礼仪教师刘雨楠介绍，礼仪员分为托盘员、嘉宾引领、运动员引领3个角色。

4大培训中，最开始的一天半是训练基础体态，也就是练好"基本功"。余下的时间再"主攻"各个项目的流程训练。

以"请跟我来"为例，它要求礼仪员手臂呈直臂式，以肩关节为轴，大臂带动小臂把手抬起来。"虽然是直臂，但肘关节不是180°，是160°～170°的位置。"刘雨楠说，手掌要四指并拢，拇指略微往回收，掌心与地面呈斜向135°。

一次简单的指引，为何这么讲究？

"因为你是指引方向的，手指尖的方向一定是朝前的，不能向下指引。点位也要精准指到你想让对方到达的位置，这些都要依靠你的手势去完成，因此它必须是标准化的。"刘雨楠说。

（资料来源：潮新闻，有删改）

模块 2　个人形象礼仪

模块检测

1．填空题

（1）为了保持头发整洁、健康、无异味，每个人都应做好头发的护养工作，具体包括头发的＿＿＿＿、＿＿＿＿和＿＿＿＿。

（2）选择发型时，除了考虑个人品位和流行时尚等因素之外，还应综合考虑自身的＿＿＿＿、体型、＿＿＿＿、服饰、＿＿＿＿等因素。

（3）保持面容清爽最基本的方法是＿＿＿＿和＿＿＿＿。

（4）坐姿是人在＿＿＿＿、＿＿＿＿、＿＿＿＿时的姿态。

2．判断题

（1）饭前便后及接触脏物后，应马上洗手，以保持双手清洁、卫生。　　（　　）

（2）男士站姿应稳健、刚毅、洒脱，体现阴柔之美。　　（　　）

（3）走路时切记弯腰驼背。　　（　　）

（4）一般而言，递接物品时应起身站立，然后用单手递送或接取物品。　　（　　）

3．简答题

（1）化妆的原则有哪些？

（2）女士的坐姿有哪几种？

（3）简述目光的影响因素。

综合评价

各组配合指导教师完成如表 2-1 所示的考核评价表。

表 2-1　考核评价表

项目名称	评价内容	分值	评价分数		
			自评	互评	师评
知识与技能考核 60%	掌握仪容礼仪的重点，能够在实际生活中正确修饰头发、面部和手部	30 分			
	掌握仪态礼仪的重点，能够在实际生活中做到仪态端庄、举止文雅	30 分			

表 2-1（续）

项目名称	评价内容	分值	评价分数		
			自评	互评	师评
素质考核 40%	具有良好的语言表达能力	10 分			
	善于分析、总结与反思	15 分			
	善于理论联系实际，能够将所学知识应用于实际生活中	15 分			
合　计		100 分			
总评	自评（20%）+互评（20%）+师评（60%）=	教师（签名）：			

模块 3

着装礼仪

知节有礼

着装不当的教训

郑某是一家零售企业的总经理。有一次，他获悉国内一家著名企业的董事长正在本市进行访问，并有寻求合作伙伴的意向。于是他想办法请有关人员帮忙牵线搭桥。让郑某欣喜的是，对方也有兴趣同他进行合作，而且希望尽快与他见面。到了双方会面的那一天，郑某特意对自己的形象进行了一番修饰。早上起床后，他便开始洗漱、刮胡子、打理头发。随后，他选择了一套黑色西装，搭配了一件浅蓝色衬衫和一条深蓝色条纹领带，穿了一双黑色皮鞋，内搭黑色袜子。当他精神抖擞地带着秘书出现在对方面前时，对方感到自己非常受重视，于是热情地接待了他。最终，双方洽谈得很顺利，并打算开展相关合作。

想一想

你认为在社交活动中，着装是否会影响双方的合作？从上述案例中，你得到了什么启示？

3.1 着装的基本原则

得体的着装往往可以体现一个人良好的文化修养和高尚的审美情趣，是一个人的身份、气质和内在素质无言的介绍信。在社交活动中，一个穿着得体的人往往能够赢得对方的信任和好感。因此，学生应掌握着装的基本原则。

3.1.1 整洁原则

古人言："衣贵洁，不贵华"保持着装干净、整齐是着装礼仪的基本原则。整洁的着装不但可以恰到好处地展示自身的气质，而且能够表示对他人的尊重，从而提高他人对自己的信任和合作意愿。

3.1.2 TPO 原则

TPO 是"time""place""occasion" 3 个英文单词的首字母，分别代表时间、地点和场合。TPO 原则是指人们应根据不同的时间、地点、场合选择合适的着装风格。该原则旨在确保着装与所处环境相符，以展示出合适的形象和达到尊重他人的期望。

1. 时间原则

时间原则包含以下三层含义。
（1）着装应与时间相协调，如白天上班期间的着装应得体、整洁。
（2）着装应与季节相协调，确保冬暖夏凉、春秋适宜。
（3）着装应顺应时代的潮流，不能过于落伍，也不能过于时髦。

2. 地点原则

地点原则是指人们应根据不同的地点选择得体的着装，使着装与环境相协调。例如，在家可以穿舒适的家居服；上班期间适合穿职业装；外出登山时适合穿运动服等。

3. 场合原则

场合原则是指着装应与场合相协调。人们在不同的交际场合应选择不同的着装。例如，在庄重的场合不能穿得太随意；在休闲的场合不必穿得太正式；在喜庆的场合不能穿得太古板；在悲伤的场合不能穿得太艳丽等。

3.1.3 配色原则

颜色是着装不可或缺的组成部分。得体的颜色搭配能够提升着装的整体美感，给他人留下美好的印象。

1. 同色搭配

同色搭配是指以一种颜色为基础色，选用与基础色相同、饱和度相近的颜色进行搭配，如深红与浅红、深绿与浅绿、深灰与浅灰等。同色搭配旨在以简洁的配色营造一种和谐、统一的外观。

2. 邻色搭配

邻色搭配是指用色谱相近的颜色进行搭配。例如，橙配黄、黄配草绿、白配灰、大红配橙红等。邻色搭配的效果多样，富于变化，能让着装显得有层次感。

3. 主色调搭配

主色调搭配是以一种主色调为基础色，再辅以其他具有各自特点的颜色进行搭配，让着装显得主次分明、相得益彰。采用主色调搭配时应确保颜色鲜明而不刺眼，颜色不要太繁杂，以免显得凌乱。

4. 对比色搭配

对比色搭配又称"撞色搭配"，是指将色差较大的颜色进行搭配，如黑与白、橙与蓝、紫与黄等。对比色能刺激人的视觉感官，让人产生一种视觉上的跳跃感。采用对比色搭配时应注意合理把握对比色的比例，否则容易失去协调感。

> **礼仪知识窗**
>
> 常用颜色的寓意
>
> 黑色：象征神秘、悲哀、静寂、权威、高雅、低调和内敛。
> 白色：象征纯洁、明亮、朴素、神圣、高雅和恬淡。
> 黄色：象征炽热、光明、庄严、明丽、希望、高贵和权威。
> 红色：象征活力、热烈、激情、奔放和喜庆。
> 粉红：象征柔和、温馨、甜美和喜悦。
> 紫色：象征谦和、沉稳、神秘、古典和高贵。
> 绿色：象征生命、新鲜、青春、新生、自然和朝气。
> 浅蓝：象征纯洁、清爽、文静和梦幻。
> 深蓝：象征沉静、平静和深邃。
> 灰色：象征中立、沉稳和文雅。

3.2 男士着装礼仪

选择恰当的着装可以反映一个人的个性特点和独特品位，以树立良好的社交形象。男士在社交场合的服装主要有西装、休闲装两种类型；同时，男士在不同的社交场合还应选择佩戴合适的配饰，如手表、手提包等。

3.2.1 西装

西装（见图 3-1）作为一种国际性服装，被视为专业、正式的着装。穿着西装往往可以树立一种典雅、自信和值得信赖的形象，因此西装成为许多人在社交场合的理想选择。

模块3　着装礼仪

图3-1　西装

俗话说："西装七分在做，三分在穿"穿西装时，遵循穿着规范，才能显得潇洒、精神、有风度。一般来说，男士穿西装时应注意以下事项。

1. 西装的选择

1）面料

挑选西装时，最好选择质量较好、耐用的面料，如羊毛、优质混纺面料等，以确保服装具有较好的舒适性、透气性和耐穿性，同时达到外观挺括，光泽自然的效果。

2）颜色

西装的颜色宜为深色调的单色，如黑色、深蓝色、深灰色等。这些颜色通常适合各种正式场合，并且相对易于搭配。在日常社交场合，一般选用深蓝色或深灰色西装；在极其庄严、肃穆的场合，一般选用黑色西装。

3）款式

西装的款式多样，选对西装的款式往往可以提升一个人的整体形象。其中，修身式西装适合大多数人，可以展现体型的优势和线条；经典的单排两粒扣式和双排六粒扣式西装为大家的普遍选择。此外，男士也可根据个人的喜好或时尚趋势选择适合自己风格的款式。

> **礼仪小贴士**
>
> 　　按照纽扣数量及其排列方式划分，西装款式可分为单排扣式西装和双排扣式西装。其中，单排扣式西装又分为一粒扣西装、两粒扣西装和三粒扣西装；双排扣式西装又分为两粒扣西装、四粒扣西装和六粒扣西装。按照件数划分，西装款式可分为两件套西装和三件套西装。两件套西装包括上衣和裤子，三件套西装包括上衣、马甲和裤子。

4）尺寸

西装的尺寸必须合适，因此男士在选择西装时，一定要认真试穿。一般情况下，西装衣长应刚好盖过臀部，垫肩应与肩膀吻合，衣袖长达腕部，抬起手臂时衣服不会紧绷，衣服腰围比人的腰部稍宽（扣上纽扣后，能贴腰插入一只手），裤脚刚好覆盖鞋跟与鞋帮的接缝处。

5）做工

在挑选西装时，应仔细检查其做工。做工精良的西装具有外观平整、面料拼接自然、缝线平直及针脚均匀等优点。穿着做工精良的西装可以给人留下注重细节、专业、有品位等好印象。

2．西装的搭配

西装只有与衬衫、领带、皮带、鞋袜等其他配饰搭配，才能更好地展现个人风格和魅力。

（1）衬衫。一般来说，与西装搭配的衬衫宜为硬领式。衬衫的面料应以纯棉、纯毛为主；颜色应以浅色为佳，如白色、浅蓝色、浅灰色等；花纹越淡越好、越少越好。此外，选择与西装搭配的衬衫时，还应注意以下事项。

- **大小合适**：衬衫衣领与胸围的松紧应适度，不可过于宽松，也不可过于收紧，以免影响西装与身体的贴合度。
- **衣领偏高**：衬衫的衣领应比西装的领口高出 1～2 厘米，以衬托西装。
- **袖长适度**：衬衫的衣袖应比西装的衣袖长 1～2 厘米，这样既可以减少西装袖口的磨损，还可以使西装袖口和衬衫袖口呈现层次美。
- **衣扣扣好**：系领带时，衬衫的衣扣必须扣好，特别是领扣；不系领带时，可解开领扣。此外，若衬衫的衣袖为双层袖口，则可在袖口上佩戴袖扣。
- **下摆放好**：衬衫的下摆必须均匀地掖进西裤裤腰内，切记不可在裤腰交界处上下错位、左右扭曲或皱皱巴巴。

💡 **礼仪小贴士**

袖扣是用于代替袖口扣子部分的重要饰物，其材质多为金属（有的镶嵌宝石），造型精美，是男士在正式场合所需佩戴的重要饰物。

（2）领带。领带是西装的重要配饰，能起到画龙点睛的作用。一般来说，领带的面料宜为真丝、涤纶长丝或纯毛料，颜色应与衬衫、西装的颜色相称，图案以斜条纹、圆点、方格等规则几何形状为宜，不可过于花哨。领带最重要的部位是领带结。打好的领带结应呈挺括、端正的倒三角形，其大小应与衬衫衣领的大小成正比。常见的领带结有平结、双环结、交叉结、双交叉结和温莎结 5 种类型。

- **平结**：几乎适用于任何质地的领带，其特色在于领带结下方的部位呈凹凸状。平结的打法如图 3-2 所示。

模块 3　着装礼仪

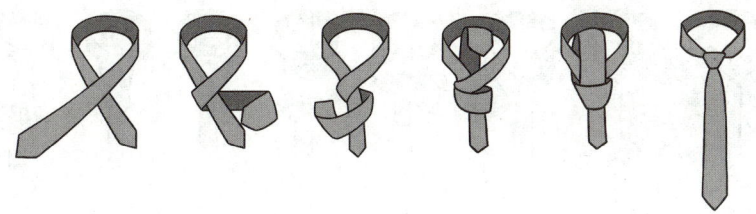

图 3-2　平结的打法

◇ **双环结**：适用于质地细腻的领带，能够营造出时尚感，适合年轻男士选用。其特色在于领带结第一圈的上端露于第二圈之外。双环结的打法如图 3-3 所示。

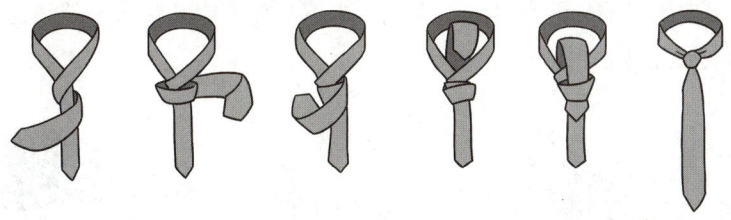

图 3-3　双环结的打法

◇ **交叉结**：适用于单色素雅且质地较薄的领带。其特色在于领带结上有一道分割线。交叉结的打法如图 3-4 所示。

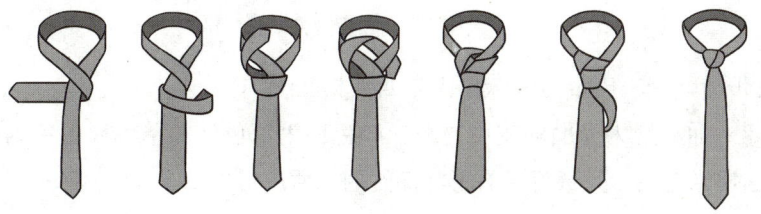

图 3-4　交叉结的打法

◇ **双交叉结**：适用于素色丝质领带，能够让男士显得高雅、尊贵，非常适合在正式场合使用。双交叉结的打法如图 3-5 所示。

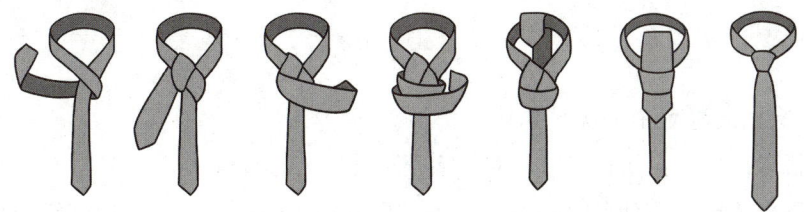

图 3-5　双交叉结的打法

◇ **温莎结**：较为正统的领带结，适用于质地较薄的领带。其特色在于领带结呈倒正三角形，且饱满有力，适合搭配宽领衬衫。温莎结的打法如图 3-6 所示。

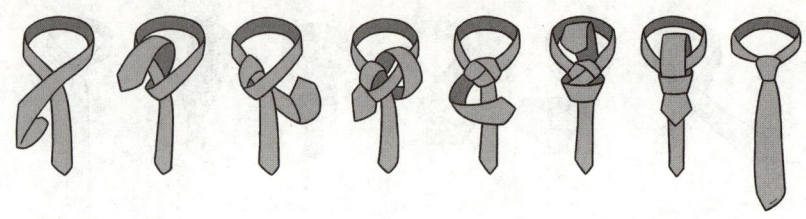

图 3-6　温莎结的打法

领带打好后,其外侧的大箭头一端应略长于内侧的一端(较窄的那端),且大箭头的尖端应恰好触及皮带扣的上端,切不可垂到腰带以下或塞到裤腰里面。一般情况下,佩戴领带时没有必要使用佩饰。但有时为了避免领带下端任意飘动带来不便,也可使用领带配饰(见图3-7),如领带夹和领带针等。

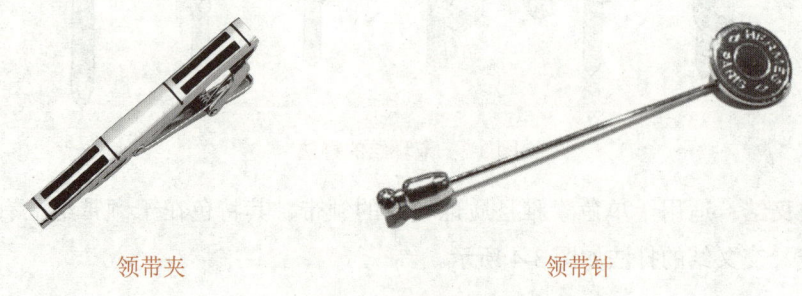

领带夹　　　　　　　　　　　　领带针

图 3-7　领带配饰

（3）皮带与鞋袜。皮带与鞋袜也应与西装相匹配。

- **皮带**：面料应为光面的皮质材料；颜色应为深色调的单色（黑色为首选）；宽度为 3 厘米左右，且最好带有形状简约的钢质皮带扣。
- **鞋子**：面料应为光面的真皮，一般以牛皮为首选；颜色应与皮带的颜色一致；款式应简约，以系带、薄底的为佳；鞋面应无任何图案和装饰品，且不留灰尘和污迹。
- **袜子**：面料最好是纯棉或纯毛的；颜色应为深色调的单色，且应与西裤或皮鞋的颜色相协调，切忌用浅色袜子配深色皮鞋；长度应高于脚踝。

3．穿西装的注意事项

男士在穿西装时应注意以下事项。

（1）拆除商标。穿西装之前，应拆除西装袖口上的商标。

（2）熨烫平整。穿西装之前，应将西装熨烫得平整挺括，切勿使其皱皱巴巴。

（3）扣好纽扣。站立或起身时，应将西装上衣的纽扣扣上，以示郑重其事；就座后，西装上衣的纽扣则大都要解开，以防西装扭曲走样。穿单排两粒扣式的西装时，讲究"扣上不扣下"，即只扣上边的那粒纽扣；穿单排三粒扣式的西装时，要么只扣中间那粒纽扣，要么扣上方的两粒纽扣；穿双排扣式西装时，所有的纽扣都应扣上。

（4）不挽不卷。不可将西装的衣袖挽起，或将西裤管卷起，更不可当众脱下西装上衣并将其披在肩上。

（5）慎穿毛衫。穿西装时一般不穿毛衫，但在天气寒冷时可在西装的上衣之内、衬衫之外穿一件薄型"V"领的单色毛衫。

（6）少装东西。穿西装时，口袋里一定要少装东西。一般而言，西装上衣外胸袋只可放一块用以装饰的手帕，内胸袋可用来放钢笔、名片夹或钱夹（不可过大或过厚），下侧口袋原则上不装任何东西；西裤两侧的口袋只能放纸巾、钥匙包、手机等小件物品，后侧的口袋不要装任何东西。

3.2.2　休闲装

在非正式的场合，如家庭聚会、户外运动等，男士可以穿比较轻便的休闲装，如运动衫（见图 3-8）、夹克衫、休闲长裤等。男士在穿着休闲装时，仍然需要注意一些礼仪和着装准则，具体如下。

图 3-8　运动衫

（1）适应场合。确保着装与场合相匹配。例如，参加聚会时，男士可选择上身穿夹克衫，下身配牛仔裤和运动鞋；出外旅游或运动时，可穿运动装，配运动鞋或休闲鞋。

（2）保持整洁。穿着休闲装时，仍需保持着装整洁，整体上要给人以干净、利落的印象，避免出现衣领变形、袖口存在污渍，以及鞋跟磨损等情况。

（3）尺寸合适。确保休闲装合身，不宜过于紧身或宽松。

（4）整体统一。选择的休闲服整体要统一，不要上身穿得很休闲，下身却穿得很正式。

3.2.3 配饰

1. 首饰

除了结婚戒指等极少数种类的首饰外,男士通常不宜在正式场合佩戴首饰。

2. 手表

手表既可作为实用性物品,又可作为装饰品。一般来说,男士可根据不同场合选择佩戴不同款式的手表,如在参加商务会议或晚宴时,可以佩戴经典、简洁款式的手表;而在一些休闲场合,可以佩戴运动、休闲或时尚款式的手表。同时,还应确保佩戴的手表与着装风格相匹配,以突出个人品味,彰显自身对场合和他人的尊重。

3. 手提包和钱包

手提包和钱包是男士日常生活的常用配饰。在正式场合,如商务会议中,可以选择经典、优雅的皮革手提包和钱包;而在休闲或日常场合,可以选择时尚、实用的款式。此外,还应定期清洁手提包和钱包,确保其表面的皮革或材料干净整洁。

> **礼仪互动吧**
>
> 请同学们以小组为单位,分设情境,根据所学知识进行男士着装礼仪的练习。

3.3 女士着装礼仪

在社交场合,女士的着装比较丰富,她们可根据具体情况选择合适的着装来修饰体态、表现修养。女士在社交场合的服装主要有套装、夹克衫及连衣裙等类型,并需搭配项链、耳环和丝巾等配饰。

3.3.1 套装

套装(即西装配长裤或西装配半身裙)具有大方、简洁和庄重的特点,能让女性显得成熟、稳重,给人留下端庄、干练的印象,通常适用于比较正式的社交场合(如工作场合等)。如图 3-9 所示为穿套装的女士。

女士套装的着装要领

西装配长裤　　　　　　　　西装配半身裙

图 3-9　穿套装的女士

1. 套装的选择

一般情况下，选择套装时应注意面料、颜色和尺寸等，具体如下。

1）面料

应选择具有匀称、平整、光洁、悬垂、不起皱和不起球等特征的面料。需要注意的是，整套服装的面料必须一致。

2）颜色

经典的女士套装通常采用黑色、藏青色、灰褐色、灰色和暗红色等颜色。这些颜色更容易搭配其他配饰，同时也显得更专业和正式。此外，女士也可根据自己的肤色或喜好选择适合自己的套装，但要确保整体形象与场合相符。切记不要在办公场合穿着颜色过于艳丽的套装。

3）尺寸

套装必须合身，不要过松也不要过紧，确保套装的肩部、袖长和胸围等适合自己。不合身的套装不但会使舒适度大打折扣，而且有损个人形象。此外，穿半身裙时，其长度最长以到达小腿中部为宜，最短以坐下时裙子向上缩离膝盖不超过 10 厘米为宜。

2. 套装的搭配

女士穿套装时，应选择合适的衬衫、鞋、袜子、皮包进行搭配。

（1）衬衫。女士在选择衬衫时，应考虑衬衫的面料、颜色、款式等方面，具体如下。

◇ **面料**：通常应以丝绸、涤棉和麻纱等质地柔软、透气且质感好的面料为主。

◇ **颜色**：应以白色、米色和粉红色等浅色系为主，这些颜色非常通用，可与各种颜色和图案的套装搭配。

◇ 款式：应当简约，通常不应具有过多的花边、皱褶，以及夸张的图案。

> **礼仪小贴士**
>
> 女士在穿衬衫时，应注意以下事项。
> （1）下摆放好。衬衫下摆必须掖入长裤或半身裙之内。
> （2）纽扣系好。除最上端的一粒纽扣以外，其他纽扣必须一一扣好，不得随意解开。
> （3）切勿外穿。衬衫不宜直接外穿。

（2）鞋。鞋的面料最好为皮质，如牛皮、羊皮等；鞋的颜色宜为单色，且一般深于套装的颜色；款式宜为无带无袢的高跟或半高跟鞋，且鞋跟不宜太细；鞋面应上油擦亮，不留灰尘和污迹。

（3）袜子。最好选择舒适、柔软和耐用的面料，如尼龙丝、羊毛等；搭配半身裙的袜子应延伸至大腿或腰部，如高筒型和连裤型，这些款式的袜子可以有效避免袜口低于裙子下摆，出现不协调的"三截腿"；袜子颜色宜为肤色，肤色袜可以与肌肤颜色相融合，营造出自然无痕的效果。此外，穿丝袜时，若袜子破损或挑丝，则应立即更换；切勿当众整理袜子。

（4）皮包。皮包除了用以携带随身物品，还可以起到装饰的作用。皮包的面料最好是皮质；颜色应与自身肤色、套装颜色、年龄及季节等相协调，咖啡色、黑色、驼色和米色等中性色通常为百搭色；款式应与自身体型相协调，一般而言，身材高大的女士宜用大型皮包，身材矮小或苗条的女士宜用中小型皮包，身材丰满的女士应避免使用圆形皮包等。

> **礼仪小贴士**
>
> 女士穿套装外出时，最好随身携带一双备用丝袜，以防丝袜破损。

3.3.2 夹克衫

夹克衫是指衣长较短，胸围宽松，袖口、腰身和下摆略微收紧的开衫上衣。夹克衫属于休闲装，适用于非正式的社交场合，如外出购物、聚会等。夹克衫作为一种非常实用的服装，可搭配裙子、牛仔裤等服装，如图3-10所示。女士穿夹克衫时也应注意其与衬衫、裙子或裤子、鞋、袜子、皮包的搭配（具体可参考套装的搭配）。

图 3-10 夹克衫搭配裙子、牛仔裤

3.3.3 连衣裙

连衣裙是指上衣与下裙连为一体的服装，其种类繁多、款式多样。按照版型的不同，连衣裙可分为直身裙、"A"字裙等；按照面料的不同，连衣裙可分为雪纺裙、牛仔裙等。连衣裙不但宜于在聚会、旅行等休闲场合穿着，而且也可作为商务会议、专业演讲等正式场合的备选服装。女士可根据自身体型、肤色、年龄、性格及交际对象等选择合适的连衣裙，以凸显优美的身段，体现良好的教养和对他人的尊重。穿连衣裙时，还应注意其与鞋、袜子，以及皮包的搭配。

> **礼仪小贴士**
>
> 女士着装应注意以下事项。
> （1）拆除商标。若衣服上的商标显露在外，则应将其拆除。
> （2）勿过分暴露。不可选择过分"凸""透""露"的着装，否则会显得轻浮，有时可能还会触犯他人的禁忌。
> （3）兼顾举止。美好的着装要配以优雅的举止，否则，着装之美难以呈现。

3.3.4 佩饰

在社交活动中，女士还要根据服装、脸型、年龄、季节，以及场合等因素选择佩戴合适的佩饰。合适的配饰不但可以增添个人魅力和美感，而且可以展现自信、积极的形象。常见的佩饰有项链、耳环、丝巾、胸针和戒指等。

1. 项链

项链（见图3-11）是一种常见的装饰性配饰，其款式、长短和颜色可以调节视觉效果。一款合适的项链可以提升整体的形象，让女士看起来更精致、优雅。

图3-11 项链

女士在选择项链时应注意以下事项。

（1）项链的款式与色泽应当与佩戴者的着装相协调。例如，穿单色或素色的服装时，宜佩戴款式简约、色泽明亮的项链。

（2）项链的款式应当与佩戴者的年龄相吻合。例如，高雅、华丽的珠宝吊坠项链比较适合成熟女士佩戴；流行的链式项链或具有潮流元素的吊坠项链比较适合年轻女士佩戴。

（3）项链的吊坠应与佩戴者的气质、个性相符合。例如，椭圆形的吊坠一般适合气质温婉的女士；小动物形状的吊坠一般适合个性活泼的女士。

（4）项链的风格应与佩戴者的活动场合相协调。例如，在一般社交场合，宜佩戴精致、淡雅的项链；在正式的宴会、舞会等场合，宜佩戴华丽、闪耀的项链。

2. 耳环

耳环作为一种常见的配饰，可以使佩戴者的整体形象更时尚。一般而言，不同脸型的人适合不同类型的耳环。圆脸型的人宜佩戴链式耳环、三角形耳环或水滴形耳环，不宜佩戴又大又圆的耳环；方脸型的人宜佩戴长形耳环，不宜佩戴菱形耳环或方形耳环。此外，耳环的风格还应与不同场合相协调。对于非正式的场合，可选择简约而实用的耳环；而对于正式场合或特殊活动，可选择华丽或设计独特的耳环。

3. 丝巾

女士佩戴丝巾时，应注意丝巾面料、颜色和图案的选择，并根据自己的脸型选择合适的丝巾系法。

模块 3 着装礼仪

1）丝巾的选择

女士在选择丝巾时应注意以下事项。

◇ **面料**：以丝绸、真丝等为主，通常以丝绸面料为首选。
◇ **颜色**：可以与服装颜色为同一色系，也可以与服装颜色互为对比色，同时应与人的肤色、气质相协调。
◇ **图案**：可以无图案，也可以有条纹、方格和碎花等简单图案。

2）丝巾的系法

常见的丝巾系法有基础结系法、三角巾结系法、"V"字结系法、项链结系法和围巾结系法等。

◇ **基础结系法**：适用范围较广，其特色是能系出一个"十"字形的结。基础结的系法如图 3-12 所示。

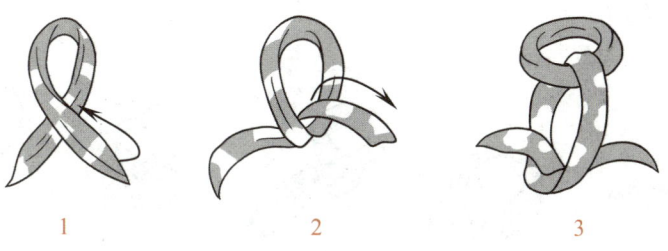

图 3-12 基础结的系法

◇ **三角巾结系法**：适合圆脸型的人，其特色是在颈后打结，并在颈前留出一个三角形，能使佩戴者看起来更瘦一些。三角巾结的系法如图 3-13 所示。

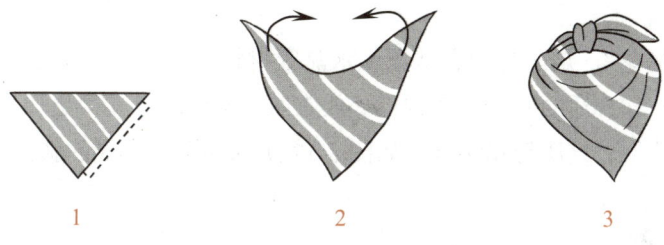

图 3-13 三角巾结的系法

◇ **"V"字结系法**：较适合倒三角脸型和方脸型的人，其特色是在颈前呈现一个"V"字形，使丝巾在颈部呈现出层次感。"V"字结的系法如图 3-14 所示。

图 3-14 "V"字结的系法

◇ **项链结系法**：适合长脸型和倒三角脸型的人，其特色是在颈前呈现一个类似于项链的结，使佩戴者显得高雅、干练。项链结的系法如图3-15所示。

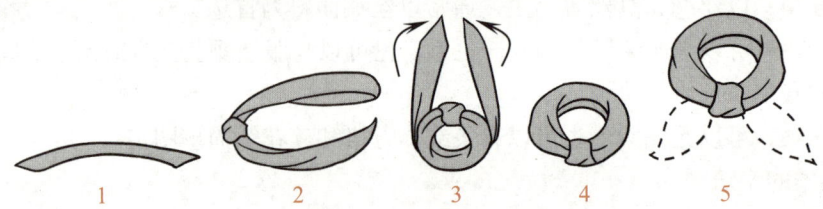

图3-15　项链结的系法

◇ **围巾结系法**：适合方脸型的人，其特色是在颈前或颈部一侧打出层次感较强的花结，以打破佩戴者脸型的方正格局，为佩戴者的脸部增添柔美感。围巾结的系法如图3-16所示。

图3-16　围巾结的系法

4. 胸针

胸针又称"胸花"，是一种镶有珠宝、水晶等材料的别针，用于装饰服装。女士根据自己的着装选用一款合适的胸针别在领口处或胸前，能让自己显得更加优雅靓丽。胸针的款式应与自己的脸型、气质等相协调。如图3-17所示为不同款式的胸针。

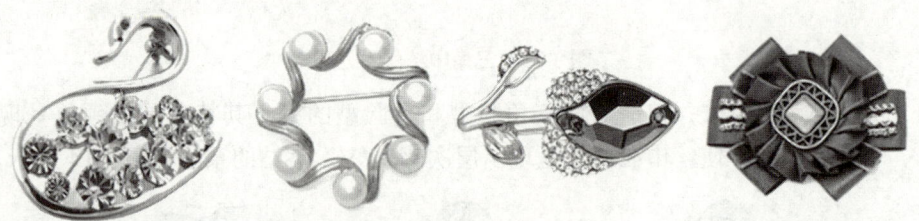

图3-17　不同款式的胸针

5. 戒指

女士在佩戴戒指时应注意选择与自己的手型相协调的戒指。戒指一般佩戴在左手上，且最多不可超过两枚。同时还应定期清洁戒指以保持其光亮和美观。

模块3 着装礼仪

 礼仪知识窗

戒指佩戴位置的寓意

戒指佩戴在不同的手指上通常具有不同的寓意,具体如下。
(1)戴在食指上表示未婚或想要寻求恋爱对象。
(2)戴在中指上表示正在恋爱之中。
(3)戴在无名指上表示已订婚或已结婚。
(4)戴在小指上表示崇尚独身主义。

"云舒霞卷"——呈现大国风采和独特的杭州之美

随着杭州亚运会的临近,杭州亚运会的礼仪服装也正式发布。杭州亚运会的礼仪服装包括颁奖礼仪服装与升旗手服装,是杭州亚运会的重要视觉形象之一,也是体现杭州亚运精神、展示中国文化的重要载体。

杭州亚运会礼仪服装的设计主题是"云舒霞卷",寓意姿态万千,色彩斑斓。其中,颁奖礼仪服装的颜色来源于亚运色彩"虹韵紫、月桂黄、水墨白、湖山绿",月桂黄从上至下渐变,湖山绿、虹韵紫从左至右渐变,水墨白与其他颜色相互交融;设计元素来源于人文历史景观、钱塘奔腾潮涌、亚运竞技赛道等,在礼服上构建了一幅华美丰富的图案;造型兼容中西风格,采用简单立领、宽阔肩部、收腰及斜摆裙等元素。服装面料则采用了杭州的本土元素丝绸,还加入了人丝,在撑起服装结构的同时,更加透气。升旗手服装的颜色来源于亚运色彩"月桂黄、水墨白",服装上下皆白,领带则配以橘黄、浅黄等象征丰收景象的渐变色;造型采用青年休闲西装款式。杭州亚运会礼仪服装将出现在杭州亚运会颁奖仪式上。

杭州亚运会礼仪服装的设计者秉承将传统文化融入当下生活"传统活化,设计转化、东方范式"的设计理念,通过杭州亚运会礼仪服装,向各国观众展现出主办国和主办城市的民族文化、时代风貌及韵味风采。

(资料来源:杭州新闻网,有删改)

模块检测

1. 填空题

（1）TPO 原则是指人们应根据不同的_____、_____、_____选择合适的着装风格。

（2）西装的颜色宜为深色调的_____，如黑色、深蓝色、深灰色等。这些颜色通常适合各种正式场合，并且相对易于搭配。在日常社交场合，一般选用深蓝色或深灰色西装；在极其庄严、肃穆的场合，一般选用_____西装。

（3）除了_____等极少数种类的首饰外，男士通常不宜在正式场合佩戴首饰。

（4）_____具有大方、简洁、庄重的特点，能让女性显得成熟、稳重，给人留下端庄、干练的印象，通常适用于比较正式的社交场合。

（5）项链的款式与色泽应当与佩戴者的_____相协调。例如，穿单色或素色的服装时，宜佩戴款式简约、色泽明亮的项链。

2. 判断题

（1）着装应顺应时代的潮流，不能过于落伍，也不能过于时髦。（　　）

（2）男士在任何场合都不应该佩戴任何配饰，包括手表。（　　）

（3）若衬衫的衣袖为双层袖口，则可在袖口上佩戴袖扣。（　　）

（4）女士在穿正装时，下身必须为长裤。（　　）

3. 简答题

（1）时间原则包含哪些含义？

（2）男士在选择西装时，应注意哪些事项？

（3）女士在选择衬衫时，应注意哪些事项？

（4）简述常见的丝巾系法及适用范围。

模块 3　着装礼仪

综合评价

各组配合指导教师完成如表 3-1 所示的考核评价表。

表 3-1　考核评价表

项目名称	评价内容	分值	评价分数		
			自评	互评	师评
知识与技能考核 60%	掌握着装的基本原则，能够在实际生活中遵守着装礼仪规范	20 分			
	掌握男士着装礼仪的重点及应用，能够在实际生活中根据不同的场合选择合适的男士服装与配饰	20 分			
	掌握女士着装礼仪的重点及应用，能够在实际生活中根据不同的场合选择合适的女士服装与配饰	20 分			
素质考核 40%	具有良好的语言表达能力	10 分			
	善于分析、总结与反思	15 分			
	善于理论联系实际，能够将所学知识应用于实际生活中	15 分			
合　计			100 分		
总评	自评（20%）+互评（20%）+师评（60%）=		教师（签名）：		

模块 4

日常社交礼仪

知节有礼

后悔的老孙

老孙有一家自己的公司。在一次偶然的机会，老孙得知某商业聚会上会有好几个知名公司的负责人参加，便千方百计拿到了聚会的邀请函，准备在聚会上结交这些负责人，为自己的公司争取一些利益。

聚会那天，老孙信心百倍地走进会场。他一进会场就看到了自己一直很想结交的某公司陆经理。于是老孙直接走上前去，伸出手，向陆经理自我介绍道："陆经理，您好！我是××公司孙××。"陆经理礼貌地伸出手，与他轻轻握了握后就与其他人寒暄去了，没有给老孙留继续说话的机会。老孙有些无趣，但他很快打起精神，准备找自己认识的刘经理，让刘经理帮自己介绍另一个知名公司的负责人赵经理。这时有一位男士迎面走来，并礼貌性地和老孙点头致意。老孙不认识这位男士，便扭头走了，也没有和男士打招呼。不久后，聚会的主持人邀请某知名公司负责人赵经理上场讲话，老孙才发现这个赵经理竟然是刚才和自己点头致意的人，顿时后悔不已。

想一想

老孙在聚会上的表现有哪些失礼之处？在不同的场合与人交往，我们应遵守哪些礼仪？

4.1 称呼礼仪

称呼是人们在日常交往中所采用的彼此之间的称谓。它是人际交往的开场白，亲切而得体的称呼可以缩短人们感情上的距离，拉近人们之间的关系，是人际交往中不可或缺的礼仪因素。在社交活动中，对于不同场合的不同交往对象，需要采用不同的称呼，若称呼不当，可能会导致不好的结果。因此，我们必须掌握称呼礼仪。

4.1.1 生活中的称呼

生活中的称呼具有亲切、自然等特点。按照与交往对象亲疏关系的不同，可从以下三个方面来灵活选用具体的称呼方式。

模块4　日常社交礼仪

1．对陌生人的称呼

对于陌生人或初次交往者，可根据具体情况采用以下称呼方式。

（1）在较正式的场合，通常以"先生"称呼男性，以"女士"称呼女性。

（2）在非正式场合，通常可按当地习俗，采用对方理解并可接受的称呼相称，如"大哥""大姐""大叔""大妈"等。

2．对朋友、熟人的称呼

对于朋友、熟人，可根据具体情况采用以下称呼方式。

（1）直接以姓名相称，如"李小芬"。这种称呼通常适用于平辈、晚辈或年龄相仿的朋友。

（2）只称其姓，不呼其名，并在其姓的前面加上"老""大"或"小"字，如"老王""大陈""小张"等。这种称呼通常适用于关系比较亲密的朋友或熟人。

（3）不称其姓，直呼其名，如称"王凤鸣"为"凤鸣"。这种称呼通常适用于关系很亲密的朋友或熟人。

（4）采用类似于血缘关系的称呼（如"大娘""大伯""叔叔""阿姨"等），或者在这类称呼前加上对方的姓氏（如"刘大哥""张阿姨"等）。这种称呼通常适用于街坊邻居等熟人。

3．对亲属的称呼

对亲属的称呼可分为对亲属本人的称呼和面对外人时对亲属的称呼。

1）对亲属本人的称呼

（1）按照约定俗成的方式称呼，如称母亲的父亲为"姥爷"，称父亲的父亲为"爷爷"，称姑、舅之子为"表兄""表弟"，称叔、伯之子为"堂兄""堂弟"等。

（2）直呼其名或使用爱称，如称"张兰芬"为"兰芬"或"芬芬"。这种称呼只适用于平辈、晚辈或年龄比自己的小的亲属，而不适用于长辈或年龄比自己大的亲属。

2）面对外人时对亲属的称呼

面对外人时，对亲属的称呼又可分为对自己亲属的称呼和对他人亲属的称呼。前者应采用谦称，而后者应采用敬称。

（1）对自己亲属的称呼。

在普通称呼前加"家"字，如"家父""家姐"等，这种称呼适用于长辈或年龄比自己大的亲属；在普通称呼前加"舍"字，如"舍弟""舍侄"等，这种称呼适用于晚辈或年龄被自己小的亲属；在普通称呼前加"小"字，如"小儿""小婿"等，这种称呼常用于称呼自己的子女。

(2)对他人亲属的称呼。

在普通称呼前加"尊"字,如"尊母""尊父"等,这种称呼常用于称呼交际对象的长辈;在普通称呼前加"贤"字,如"贤妹""贤侄"等,这种称呼常用于称呼交际对象的晚辈或平辈;在普通称呼前加"令"字,如"令尊"(对方的父亲)、"令堂"(对方的母亲)、"令荆"(对方的妻子)、"令爱"(对方的女儿)、"令郎"(对方的儿子)等,这种称呼一般可不分辈分和长幼。

 礼仪小贴士

> 中国素来被称为"礼仪之邦",尊人谦己已深入人心,古代一些尊称、谦称被沿传至今。在现代交际场合中,适当地使用这些尊称和谦称,不仅可以表现出对他人的尊敬,而且可以显示自己良好的文化涵养。

4.1.2 公务活动中的称呼

公务活动中的称呼具有正式、庄重、规范等特点,通常可分为以下几种。

1. 职务性称呼

职务性称呼,即以交往对象的职务相称,以示身份有别、敬意有加。这种称呼具体可分为以下几种形式。

(1)仅称职务,如"经理""主任"等。

(2)在职务前加上姓氏,如"周经理""王处长"等。

(3)在职务前加上姓名,如"张林涛总经理""郑乐云主任"等。需要注意的是,这种称呼通常适用于极其正式的场合。

2. 职称性称呼

职称性称呼,即对于有职称的人,尤其是具有高级或中级职称的人,直接以其职称相称。这种称呼具体可分为以下几种形式。

(1)仅称职称,如"教授""工程师"等。

(2)在职称前加上姓氏,如"李教授""王工程师"等。这种称呼有时也可简化,如将"王工程师"简称为"王工",但其使用前提是不会产生歧义,让人误会。

(3)在职称前加上姓名,如"李明教授""王涛工程师"等。这种称呼通常适用于比较正式的场合。

3. 职业性称呼

职业性称呼,即对于从事某些特定职业的人,直接称呼其职业,如称警察为"警官",

称医护人员为"医生""护士"等。一般而言，此类称呼前均可加上被称呼者的姓氏或姓名。

4. 姓名性称呼

姓名性称呼，即直接称呼交往对象的姓名。这种称呼与日常交往中对朋友、熟人的称呼相似，可根据具体情况直呼对方姓名，或只称其姓，不呼其名，或只呼其名，不称其姓。其中，只呼其名，不称其姓的称呼方式通常限于同性之间，且常在上级称呼下级时使用。

5. 性别性称呼

性别性称呼，即根据交往对象的性别称其为"先生"或"女士"。当了解到对方的姓氏时，必须第一时间在称呼前加上对方的姓氏。此外，在国际交往场合，通常还可称已婚女性为"夫人"。

4.1.3 使用称呼时的注意事项

使用称呼时的注意事项

1. 称呼多人时应有礼有序

通常，在多人场合称呼他人时，应按照先疏后亲、先长后幼、先女后男、先上级后下级的顺序进行。

2. 切忌使用错误的称呼

错误的称呼主要是指误读和误会。误读即念错他人姓名，如将多音字或不认识的字念错；误会即错误判断了他人的年龄、辈分、婚姻状况及与其他人的关系，如称未婚妇女为"夫人"，误认为某男士与某女士为夫妻关系而称呼错误等。避免使用错误称呼的主要方法是事先积极查证、了解或临时谦虚请教。

3. 切忌使用不通行的称呼

有些称呼具有一定的地域性，如山东人喜欢称呼他人为"伙计"，但该称呼在南方人听来则是"打工仔"的意思。使用不通行的称呼容易引起他人的误解，因此，在称呼他人之前一定要了解当地的风俗或习惯，选用正确、恰当的称呼。

4. 切忌称呼外号

在社交活动中，切忌给他人取外号或以道听途说来的外号去称呼他人，如"张胖子""李大嘴"等。

5. 避免语音不当的称呼

有些姓氏和普通称呼搭配时的语音，会让人产生误会或陷入尴尬局面。例如，称姓付的局长为"付局长"，可能会使人误认为其为副职；称姓戴的市长为"戴市长"，可能会使人误认为其为临时代职等。面对这种语音不当的称呼时，正确做法是去其姓氏而直接称其职务。

4.2 介绍礼仪

介绍是指通过自己主动沟通或通过第三人从中沟通，从而使交往双方相互认识、建立联系的一种社交方式。在社交活动中，常用的介绍方式主要有自我介绍和介绍他人。

4.2.1 自我介绍

自我介绍是指与他人初次见面时，将自己介绍给他人，使其认识自己。自我介绍是结识新朋友、扩大交际圈的有效方法，合乎礼仪的自我介绍能够有效地展示个人修养和魅力，给他人留下良好印象。

1. 自我介绍的方式和内容

在不同场合下或针对不同的交往对象，通常应采取不同方式的自我介绍。一般而言，自我介绍的方式主要有以下几种。

自我介绍的方式和内容

1) **应酬式自我介绍**

应酬式自我介绍主要适用于某些公共场合和一般的社交场合（如旅途中、舞会上等），主要针对泛泛而交的交往对象，用于向对方表明自己的身份。这种自我介绍的内容少而精，往往只包括姓名，如"您好！我叫张丽。"

2) **公务式自我介绍**

公务式自我介绍主要适用于工作场合，其内容应包括姓名、所在单位及部门、担任的职务等。其中，姓名必须完整，即有姓也有名；所在单位及部门应为全称，有时可只报出单位名称；若职务较低或无职务，则可报出所从事的具体工作。例如，"您好！我叫王红敏，是××公司的业务经理""您好！我叫张青，在××大学人文与社会科学学院教外国文学。"等。

3）交流式自我介绍

交流式自我介绍主要适用于一般的社交场合，通常用于寻求与交往对象的进一步交流和沟通。这种自我介绍的内容一般包括姓名、工作、籍贯、爱好，以及与交往对象有某些联系的内容，如"您好！我叫张静芬，在××外贸公司工作，河北人。我和您一样，喜欢打羽毛球。""您好！我叫李彤，在××传媒公司工作。您的同学赵波是我的同事，他常向我提起您。"等。

4）礼仪式自我介绍

礼仪式自我介绍主要适用于讲座、报告、演出、庆典，以及仪式等一些正规而隆重的社交场合，用于向交往对象表示友好和敬意。这种自我介绍的内容包括姓名、单位、职务等，同时，还应加入一些表示欢迎、感谢之类的谦辞、敬辞等。例如，"各位来宾，大家好！我叫张萌，是××传媒公司的业务经理。我代表本公司全体员工欢迎大家参加今天的周年庆典，愿各位在此度过一个美好的周末。"

5）问答式自我介绍

问答式自我介绍主要适用于应试、应聘、公务交往等社交场合，其主要特点是"你问我答"。这种自我介绍的内容应与交往对象所提的问题相对应。例如，主考官让应聘者介绍一下自己的基本情况，应聘者可以这样回答："您好！我叫李兴然，24岁，河南洛阳人，汉族……"。

2. 自我介绍的注意事项

在进行自我介绍时，除了应注意方式和内容之外，还应注意以下事项。

（1）多人相互自我介绍时，通常应按照一定的顺序。一般来说，主人与客人相互介绍时，主人应先做自我介绍；男士与女士相互介绍时，男士应先做自我介绍；长辈与晚辈相互介绍时，晚辈应先做自我介绍；职位高者与职位低者相互介绍时，职位低者应先做自我介绍。

（2）讲究态度。进行自我介绍时，一般应保持站立姿势，面带微笑，目光坦然，语气平和，举止端庄、大方，表现出亲切、自然、友善的态度。

（3）把握介绍机会。首先，自我介绍应在对方有空闲、情绪较好、有兴趣认识自己等合适的情况下进行，切勿在对方休息、用餐、忙于处理事务、心情不好等情况下进行，否则可能会引起对方的反感，不利于进一步沟通。其次，自我介绍的时间一般应控制在一分钟之内，否则会显得啰唆，易使对方厌烦。

4.2.2 介绍他人

介绍他人是指作为第三方为彼此不相识的双方引见，使他们相互认识，从而建立联系。其中，被介绍的双方称为被介绍人，介绍双方的人称为介绍人。

1. 介绍人的确定

介绍人的确定是有一定规则的。通常，有下列身份的人可以充当介绍人。

（1）社交活动中的东道主。通常是东道主一方的长者，地位、身份较高者或主要负责人员。

（2）家庭聚会中的女主人。

（3）公务活动中的专职人员，如接待人员、公关人员、礼宾人员、秘书和办公室主任等。

（4）熟悉被介绍人双方的人。

（5）被介绍人一方或双方所指定的人。

2. 介绍他人的方式和内容

介绍他人时，应根据不同场合或不同需要，采用不同的方式进行。通常，介绍他人的方式有以下几种。

1）标准式介绍

标准式介绍主要适用于正式场合，其内容以被介绍人的姓名、单位、职务等为主，如"李总，您好！请允许我为您介绍，这位是××公司的销售部经理张明先生。张经理，这位是××公司的总经理李勇先生。"

2）简介式介绍

简介式介绍主要适用于一般的社交场合，其内容往往只包括被介绍人的姓名，如"您好！我来介绍一下，这位是王芳，这位是张栩。二位彼此认识一下吧。"

3）强调式介绍

强调式介绍可适用于各种交际场合，其特点是介绍人会刻意强调自己与其中某位被介绍人之间的关系，以便引起另一位被介绍人的重视，如"张经理，您好！请允许我介绍一下，这位是刘艳，在××传媒有限公司工作，是我的侄女，请您多多关照！刘艳，这位是××公司的销售部经理张明先生。"

4）推荐式介绍

推荐式介绍通常适用于比较正式的场合，其特点是介绍人将某位被介绍人举荐给另一位被介绍人，并着重介绍前者的优点或专长，如"曾总，您好！这位是××科技公司的王智先生。王先生在经济学、企业管理方面都非常专业，我相信王先生能给您提供一些管理方面的好建议。"

3. 介绍他人的顺序

介绍他人时，应遵循先卑后尊、先少后长、先男后女、先客后主、先下级后上级的原则进行。例如，介绍上级与下级认识时，应先介绍下级，后介绍上级；介绍长辈与晚辈认识时，应先介绍晚辈，后介绍长辈；介绍客人和主人认识时，应先介绍客人，后介绍主人；介绍先到者与后来者认识时，应先介绍后来者，后介绍先到者等。

 礼仪知识窗

集体介绍

集体介绍是介绍他人的一种特殊形式。当被介绍人中的一方或双方是多人时，为他们所做的介绍就是集体介绍。

介绍人在为集体做介绍时通常应按以下顺序进行。

（1）若被介绍人双方的身份、地位大致平等或难分高低，应遵循"先少数后多数"的原则，即先介绍人数较少的一方，后介绍人数较多的一方。在介绍其中一方时，应由尊而卑逐一介绍。

（2）若被介绍人双方的身份、地位存在明显差异，则应先介绍位卑的一方，后介绍位尊的一方，即使后者人数较少，甚至只有一个人，也应最后加以介绍。

4．被介绍人的礼仪

当被他人介绍时，被介绍人应做出恰当的反应，具体包括以下几点。

（1）在介绍人询问自己是否有意认识某人时，一般不应拒绝，而应欣然接受。若实在不愿意，则应说明缘由。

（2）在介绍人走上前来开始为双方做介绍时，被介绍人双方均应起身站立，面带微笑，大方地注视对方，以示友好、尊重。

（3）在介绍人介绍完毕后，被介绍人双方应按合乎礼仪的顺序握手致意或相互点头微笑致意，彼此问候对方，并进行适当的交谈。

5．其他注意事项

介绍人在介绍他人时除了应注意方式、内容和顺序外，还应注意以下事项。

（1）了解情况和意愿。在介绍他人之前，介绍人应先了解一下被介绍人双方的情况，以免张冠李戴。同时，介绍人应先征求一下双方的意愿，以免为本来相识或不愿相识的双方去做介绍，致使三方尴尬。

（2）注意态度和姿势。介绍他人时，介绍人应态度友好、仪态文雅。一般而言，介绍人应站在被介绍人双方的中间，上身略微前倾，掌心向上，五指并拢、伸直，前臂绷直并略向外伸，指向被介绍人的其中一方，同时面带微笑地注视另一方。切忌用手拍打被介绍人的肩、胳膊、腰等部位。

（3）把握语言和时间。介绍他人应当言辞准确，完整地表述被介绍人的姓名和头衔，不可含糊其词。同时，介绍的语言应简洁，以便双方能相互记住对方的姓名及基本信息。此外，介绍语言应避免厚此薄彼，否则有失礼仪。介绍的时间不宜过长，通常应控制在两分钟之内。

（4）注意引导。介绍他人结束后，介绍人应稍停片刻，引导被介绍人双方进行交谈后再离开。

礼仪训练营

请同学们分成几组，分设情境，根据所学知识进行介绍和被介绍礼仪的练习。

4.3 握手礼仪

握手是社交场合中最常见的一种礼仪，它可以传达欢迎、惜别、祝贺、鼓励、感谢、慰问和信任等情感，能够促进交往双方之间的沟通与交流。

4.3.1 握手姿势

1. 单手式握手

单手式握手的姿势规范如下：握手时，距离对方约一步（75厘米左右），双脚立正，上身略向前倾，左臂下垂，右肘关节微屈，右前臂抬至腰部，伸出右手，四指并拢、拇指张开，与对方右手的虎口交叉、相握，如图4-1所示。为了表示真诚和热烈，可以握住对方的手上下轻轻摇晃几下。需要注意的是，男士与女士握手时，一般只宜轻握女士的手指部分，如图4-2所示。

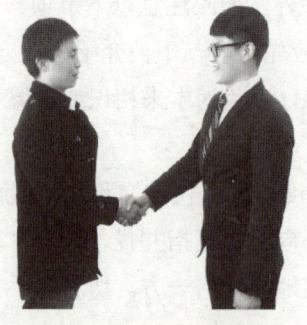

图4-1 单手式握手姿势

图4-2 男士与女士握手

2. 双手式握手

双手式握手（见图4-3）与单手式握手略有不同：握手时，伸出右手紧握对方的右手，再用左手握住对方的右手手背、前臂、上臂或至肩部。这种握手方式旨在传递一种热情、真挚、诚恳、尊敬之情，且从手背开始，左手握住对方身体的部位越高，其表达的情感越深厚。但这种握手方式只适用于晚辈对长辈、身份较低者对身份较高者、亲朋好友之间或同性朋友之间，不宜用于初次相识者或异性之间。

图 4-3　双手式握手

4.3.2　握手要领

1. 神态

握手时，应面带微笑，目视对方的眼睛，神态自然、热情、专注，以体现对对方的友好和尊重。

2. 力度

握手的力度应当适中，不可过大也不可过小。力度过大，会让人承受不了或给人以粗鲁感；毫无力度或伸而不握，会给人以敷衍或缺乏热忱之感。具体而言，若对方是亲友，则握手力度可稍大一些；若对方是异性或初次相识者，则握手力度不可过大。

3. 时间

握手的时间通常以3~5秒为宜，不可过短也不可过长。时间过短，会给人以敷衍之感；时间过长，特别是对于异性或初次相识者，可能会使对方误会或不快。

4.3.3　握手顺序

握手时，讲究伸手的先后顺序。一般而言，握手顺序主要取决于性别、职位和身份等，遵循"尊者为先"的原则，具体规则如下。

（1）女士优先。女士先伸出手，男士才能伸手与之相握。

（2）长者优先。年长者伸出手后，年轻者才可伸手相握。

（3）职位高者优先。职位高者伸出手后，职位低者才可伸手相握。

（4）迎送客时分先后。迎客时，主人应先伸出手，主动与客人握手，以表示欢迎；送客时，主人不可主动握手，而应待客人伸手握别时才可与之握手，否则会有逐客之嫌。

（5）先到者优先。先到者与后到者握手时，应由先到者先伸出手。

（6）若一个人需要和多人握手，则握手时应遵循"先尊后卑"的原则；若握手对象的尊卑差别不明显，则应按照顺时针或由近及远的顺序挨个进行，切勿顾此失彼。

 礼仪小贴士

> 握手的顺序规则主要是用来律己的，而不是用来苛求他人的。在社交活动中，当他人伸出手与自己握手时，即使其违反了握手的顺序规则，我们也应积极地伸手与其相握，否则有失礼仪。

4.3.4 握手禁忌

握手时，切忌出现以下情况。

（1）用左手与他人握手。

（2）戴着手套、墨镜或帽子与他人握手，但女士着礼服、戴薄纱手套时例外。

（3）拒绝与他人握手，若有手疾或手不干净，则应说明缘由，以免造成误会。

（4）交叉握手（即当两人握手时，第三者将胳膊从二人的胳膊上方伸过去与其他人握手）。

（5）将另外一只手插在衣袋里或用另外一只手拿着东西。

（6）左顾右盼、心不在焉或面无表情。

（7）与他人握手后立即擦拭自己的手或洗手。

 礼仪知识窗

常见的其他见面礼仪

1. 鞠躬礼

鞠躬礼是人们在生活中对别人表示恭敬的一种礼仪，既适用于庄严肃穆、喜庆欢乐的仪式，也适用于一般的社交场合。晚辈对长辈、学生对老师、下级对上级、表演者对观众等都可行鞠躬礼。常用的鞠躬礼主要有以下几种。

（1）15°鞠躬礼。头颈背成一条直线，双手自然放在裤缝两边（女士双手交叉放在体前），前倾15°，目光先落于体前约1.5米处，再慢慢抬起，注视对方，如图4-4(a)所示。

（2）30°鞠躬礼。头颈背成一条直线，双手自然放在裤缝两边（女士双手交叉放在体前），前倾30°，目光先落于体前约1米处，再慢慢抬起，注视对方，如图4-4(b)所示。

（3）45°鞠躬礼。头颈背成一条直线，双手自然放在裤缝两边（女士双手交叉放在体前），前倾45°，目光先落于体前约0.5米处，再慢慢抬起，注视对方，如图4-4(c)所示。

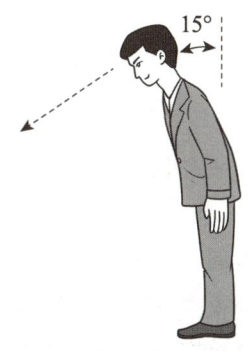 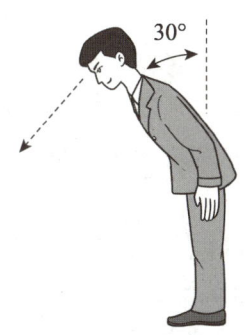 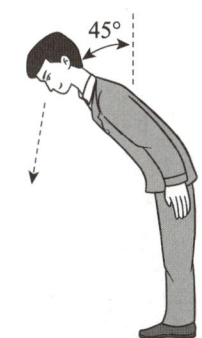

(a) 15°鞠躬礼　　　　(b) 30°鞠躬礼　　　　(c) 45°鞠躬礼

图4-4　鞠躬礼

2. 拥抱礼

在西方，特别是在欧美国家，拥抱礼是十分常见的见面礼与道别礼。在人们表示慰问、祝贺、欣喜时，拥抱礼也十分常用。

拥抱礼（见图4-5）的做法：两人走近之后，先各自抬起右臂，把右手搭在对方左肩，随后向右侧拥抱，最后再向对方的左侧拥抱。

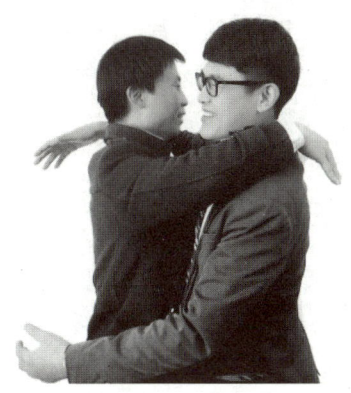

图4-5　拥抱礼

3. 合十礼

合十礼（见图4-6）亦称合掌礼，是以双手手掌十指相合的形式来向其交往对象致意的礼仪，流行于印度、泰国、缅甸、老挝、柬埔寨、尼泊尔等国家。

图4-6 合十礼

合十礼主要有以下几种类型。

（1）跪合十。行礼时，右腿跪地，双手合掌于两眉中间，头部微俯，以示恭敬虔诚。

（2）蹲合十。行礼时，必须蹲下，并将合十的掌尖举至两眉间，以表尊敬。

（3）站合十。行礼时，要站立端正，将合十的掌尖置于胸部或口部，以示敬意。

在涉外交往活动中，交往者应当根据交往对象及其民族习俗的不同，选用合适的行礼方式。

4.4 名片礼仪

名片是一种记录了个人主要信息的精美卡片，它能够表明个人身份、体现个人风格。在社交活动中，恰当地使用名片能够有效地显示自己的涵养与风度，促进人际交往与沟通。

4.4.1 名片的用途

1. 自我介绍

名片是自我介绍的重要辅助工具。与交往对象初次见面时，可以使用名片向对方做自我介绍。这样可以快速表明身份，从而节省时间并强化效果。

2. 保持联络

名片上通常记录了联系方式。在人际交往中，向他人递送名片或与之互换名片，能够获得一定的联系方式，以便与对方保持联络，进而促进交往。

模块 4　日常社交礼仪

3．通报变更

当更换了单位、调整了职务或更换了电话号码时，将变更了信息的名片递交给曾经的交往对象，就能将自己的最新情况告诉对方，以使彼此的联系保持畅通。

4．拜会他人

初次前往他人工作单位或住所时，可将自己的名片交给对方的接待人员，由其转交给被拜访者，以便对方确认拜访者的身份后再决定是否见面，从而避免冒昧造访而引起他人反感。

5．充当留言单

当拜访某人而不遇时，可用铅笔在本人名片上简单写上具体事由，并在名片左下角写上"n.b."（意为"请注意"），然后托他人转交给对方，以便对方见到名片时"如见其人"并知晓其事，避免误事。

 礼仪知识窗

> **名片上缩写字母的含义**
>
> 按照国际通用做法，用铅笔在名片左下方写上以下缩写字母，可以表示特定的含义。
> （1）n.b.表示"请注意"，通常用于提醒对方留意附言。
> （2）p.m.表示"备忘"，通常用于提醒对方注意某事。
> （3）p.p.表示"介绍"，通常用于向对方介绍某人。
> （4）p.f.表示"祝贺"，通常用于恭贺节日或纪念日。
> （5）p.f.n.a.表示"恭贺新禧"或"新年愉快"。
> （6）p.c.表示"谨唁"，通常在悼念逝者时使用，以表示慰问。
> （7）p.p.n.表示"慰问"，通常用于问候病人。
> （8）p.p.c.表示"辞行"，通常用于向他人告别。
> （9）p.r.表示"谨谢"，通常用于在收到礼物或受到款待后表示感谢。

4.4.2　名片的使用

1．准备名片

在社交活动中，社交者应有意识地准备或携带足够数量的名片（名片必须完整、洁净、平整、有序），将其放入专门的名片夹内，并将名片夹存放在合适的位置，以便拿取。穿西装时，应将名片夹放在左胸内侧的口袋里；不穿西装时，可将名片夹放在上衣口袋或随身携带的公文包里。

切忌将名片放在钱包、裤袋或裙兜里，否则是非常失礼的。此外，不可将名片与接收的他人名片混放在一起，以免慌乱中误将他人名片递送出去而致使他人误解。

2. 递送名片

在社交活动中，若希望结识他人或与他人建立联系，可以主动向其递送名片。递送名片时应当遵守以下礼仪规范。

1）把握时机

递送名片应把握适宜的时机，不宜过早或过晚。通常，在以下情况下递送名片最合适：① 与对方初次见面或握手告别时；② 与对方相谈甚欢时；③ 自己被他人介绍给对方时；④ 对方提议交换名片或向自己索要名片时；⑤ 想获得对方的名片时。切忌在对方用餐、与他人交谈或忙于其他事务时向其递送名片，否则极易引起对方的反感。

2）态度恭敬

递送名片时，应主动起身并走近对方，面带微笑地注视对方，将名片正面朝上、文字正对对方，用双手的拇指和食指持握名片上端的两角，举至胸前，上身略微前倾，恭敬地递给对方，如图4-7所示。递送名片的同时，还需略道谦恭之语，如"张总，这是我的名片，请多关照。""王先生，希望我们今后保持联系。"等。

图4-7　递送名片的姿势

> 💡 **礼仪小贴士**
>
> 切忌采用以下方式递送名片：① 开枪式，即用食指和中指夹着名片递送给对方；② 投弹式，即把名片投给或扔给对方；③ 布雷式，即把名片递放到桌上而不是对方手中；④ 自助式，即把名片夹递给对方，让对方动手拿取名片。

3）讲究顺序

一般而言，两人交换名片时，应按如下顺序进行：① 男士先向女士递送；② 辈分较低者先向辈分较高者递送；③ 职位较低者先向职位较高者递送；④ 主人先向客人递送。此外，需要向多人递送名片时，应按照由尊至卑、由近及远或顺时针的顺序依次进行，切忌"跳跃式"地进行。

> **礼仪小贴士**
>
> 若在向对方递送名片的同时，对方向自己递送名片，则应暂时放下自己的名片，先接过对方的名片，再递上自己的名片。

3．接受名片

1）态度恭谦

当他人向自己递送名片时，应立即放下手中的一切事务，起身相迎，面带微笑地目视对方，并点头致意，用双手的拇指和食指接住名片下端的两角（见图4-8），并略道恭谦之语，如"很高兴认识您。""能得到您的名片，我深感荣幸。"等。

图4-8 用双手的拇指和食指接住名片下端的两角

2）认真阅读

接过名片之后，应认真地将名片内容默读一遍，遇有显示对方荣耀的职务或头衔时，可轻声读出，以示尊敬和敬佩。若对名片内容有所不明，则可当场请教对方，以示重视。切忌在接过他人名片之后，不看就随手放入口袋、放在手中把玩或转交给他人。

3）妥善存放

在阅读了对方的名片之后，应谨慎地将其放入名片夹、上衣口袋、公文包或办公桌抽屉里，以示尊重和珍惜。切忌将对方的名片随意扔到桌上、夹到书中、压到杯子下等，否则就是不尊重对方的表现，容易引起对方的反感或造成不必要的误会。

礼仪故事屋

因名片而错失的生意

某公司经理王某在咖啡厅约见了一位重要客户李某。双方见面后，李某向王某递上自己的名片，并有礼貌地说："王总，您好！这是我的名片。"王某接过名片后草草地看了一下，就将名片随意地放到桌上，着急地开始与李某谈论合作事宜。过了一会儿，服务人员端来咖啡并请二位慢用。王某端起咖啡喝了一口，便将咖啡杯放在了李某的名片上。这一举动令李某皱了皱眉头，但王某并没有察觉到。

在接下来的谈话中，李某的态度非常冷淡，也没有与王某就合作事宜进行实质性的洽谈，而是礼貌地寒暄一阵之后就托词告别了。

4）回递名片

在接受了对方的名片之后，一般应立即回递名片，否则会让对方误认为无意与其交往。若尚无名片、忘带名片或名片用完了，则应向对方说明理由并致以歉意。必要时，可在一张干净的纸上写上自己的相关信息递给对方，或向对方承诺改日补上。

 礼仪小贴士

中国人交换名片采用双手递、双手接，而西方人、阿拉伯人和印度人则习惯于用右手与他人交换名片，日本人则喜欢在一只手接过他人名片的同时，用另一只手递上自己的名片。因此，在涉外交际活动中，可先留意一下对方用什么方式交换名片，然后效仿其做法。

4. 索取名片

一般情况下，最好不要向他人索要名片。若确有必要，则可采取委婉的方式向对方索取。

向长辈或身份、地位比自己高的人索取名片时，可谦恭地进行，如"李教授，非常高兴能够认识您，请问以后怎样向您请教呢？"向平辈或身份、地位与自己相仿的人索取名片时，可暗示性地进行，如"陈女士，以后如何与你联系呢？"或者直接发问，如"陈女士，这是我的名片，能否有幸与您交换一下名片，以便日后联系。"

模块 4 日常社交礼仪

4.5 交谈礼仪

交谈是人们在日常交往中交流思想、沟通感情、建立联系、消除隔阂或协调关系的重要手段。在社交活动中，要想获得良好的沟通效果，达到预期的交流目的，除在表达方面清晰、准确外，还应以"礼"取胜。

4.5.1 交谈话题

话题即交谈的主题。在与他人交谈时选择合适的话题，不仅能够体现良好的风度和教养，而且能创造一个良好的交谈氛围，从而促进社交活动的顺利进行。

1. 选择话题的原则

一般而言，社交者在选择话题时，应当遵守因人而异的原则。与他人交谈时，应根据交谈对象的性别、年龄、性格、民族、职业、身份和文化水平等因素，选择合适的话题，以便交谈对象参与其中或与之达成共鸣，从而达到沟通与交流的目的。

2. 宜选的话题

1) 既定的话题

既定的话题即交谈各方事先商定的或其中一方事先准备好的话题。讨论问题、征求意见、传递信息等类型的交谈所涉及的话题一般都属于既定的话题。既定的话题最好由各方商定，若由一方确定，则应得到其他方的认可。

2) 擅长的话题

擅长的话题即交谈对象有研究、感兴趣或熟知的话题。例如，与作家交谈时，可选择文学创作方面的话题；与律师交谈时，可选择法律方面的话题；与球迷交谈时，可选择体育方面的话题等。这类话题可以为交谈对象创造发挥长处的机会，进而调动其交谈的积极性。

 礼仪故事屋

专家出山的故事

刘某成立了一家公司，想请专家王老任其技术指导。但王老已经退休，且性格怪异，想请他出山估计没那么容易。

经人介绍后，刘某在友人家中与王老见了面。但是，不管刘某多么殷勤，王老也不买他的账。刘某正发愁如何才能改变王老对自己的态度时，王老掏出一本古钱币图谱目不转睛地看了起来。刘某看到王老的举动，灵机一动，赶紧凑过去向王老讨教："王老，您也喜欢研究这个呀？有人送我几枚银圆，不知道是否可以向您请教一下怎样才能辨别它们的真伪？"王老一听刘某对古钱币感兴趣，立刻来了精神，高兴地为刘某介绍起了自己的钱币图谱和辨别银圆真伪的知识。其间，刘某还不时地就一两个细节再次向王老讨教，并与王老进行热烈的讨论……

最后，一切都水到渠成，王老自愿出山担任刘某公司的技术指导。

3）高雅的话题

高雅的话题即内容文明、格调高雅的话题，如哲学、文学、艺术、建筑等。选择这类话题可以体现自己的见识和修养，但切忌班门弄斧或不懂装懂，否则会贻笑大方。

4）轻松的话题

轻松的话题即谈起来能让交谈对象感到轻松、愉快、不觉劳累的话题，如旅游观光、风土人情、流行时尚、电视电影、烹饪小吃等。这类话题有利于创造融洽的交谈氛围，常用于一般的社交场合。

> 💡 **礼仪小贴士**
>
> 与他人交谈时，应注意回避对方忌讳的话题，包括政治倾向、商业秘密、个人隐私（如年龄、婚姻状况、收入、身高体重等）、他人长短，以及庸俗低级、悲伤压抑的话题（如淫秽传闻、疾病、死亡、灾祸、惨案等）等。若不经意提到以上话题，则应立即表示歉意，并立刻转移话题。

4.5.2 交谈态度

社交者在与他人交谈时，应持诚恳、谦虚、谨慎、热情的态度，切不可虚情假意、自以为是或敷衍了事。具体而言，良好的交谈态度可通过以下几个方面体现出来。

1. 表情自然

与他人交谈时，表情应当自然、和谐，并与交谈内容相配合。具体而言，应目光专注，或注视对方，或凝神思考，并适时地运用面部神态上的变化表达自己对交谈内容的理解、赞同、惊讶或迷惑，以促使交谈顺利进行。与多人交谈时，则应不时地用目光与众人交流，以示彼此平等。切忌在交谈时眼神呆滞、目光游离或直愣愣地盯着交谈对象，否则是有失礼仪的。

模块4　日常社交礼仪

2. 善于倾听

与他人交谈时，社交者应善于倾听交谈对象的发言，并配以恰当的表情和举止，以示尊敬。切忌随意打断他人的发言或对他人的发言不闻不问。若确需插话，则应先向发言者打招呼或征得发言者的同意（如"对不起，我可以插一句话吗？"等），且插话之言不可冗长。

倾听的礼仪

3. 举止得体

人们在交谈时往往会做出一些有意或无意的肢体动作，这些动作通常是谈话者对谈话内容和谈话对象真实态度的反映，因而必须规范、得体。

具体而言，谈话者可以用适度的动作来补充说明谈话内容，如谈话者可用点头来传达"我在注意听"或"我赞同"的信息，用手势比画物体大小等。但是，谈话者应避免做出过分、多余或不雅的动作，如手舞足蹈、拉拉扯扯、左顾右盼、揉眼搔头、伸懒腰等。

4. 适当交流

交谈是个双向或多向的交流过程，需要各方人员积极参与。因此，在与他人谈话的过程中，当自己发言时应给其他人留有发表看法的机会，当他人发言时自己也应适时地发表看法，以便各方互动、交流。

 礼仪故事屋

"沉默是金"和"口无遮拦"

某公司在培训课程中让10名员工围成一圈，允许他们在一个半小时内畅所欲言，但不可以谈论关于公司的事情。于是，大家开始谈论天气、政治、体育等，其间还发生了争执。

一个半小时后，每名员工都按自己心目中的好感度对其他员工进行了排序，并把自己安插在合适的序列位置。排序结果显示：排在倒数第一的是从头到尾都没有讲话的人，排在倒数第二的是讲话最多的人。原因在于，在群体交谈中，若一个人有想法而没有表达出来，那么别人就会认为他没有意见；若一个人讲了很多话，其所讲的一部分话可能很有意义，但言多必失，其所讲之话的部分内容可能不该讲。从这个角度来说，与他人交谈时，"沉默是金"和"口无遮拦"都不可取。

4.5.3 交谈语言

语言的运用会直接影响到交谈的效果。社交者在与他人交谈时，在语言方面应达到文明、准确、简洁易懂的要求。

1. 文明

与他人交谈时，语言应当文明、礼貌。首先，应善于使用一些约定俗成的礼貌用语，如"您""谢谢""对不起""再见"等；其次，应尽量避免一些不文雅的语句和说法，切忌说粗话、脏话、荤话等。对于不宜言明的事情，可以用委婉的词句予以表达。例如，想要上厕所时，可委婉地说"不好意思，失陪一下。"等。

> **礼仪知识窗**
>
> **常用的礼貌用语**
>
> 初次见面，说"久仰"；许久不见，说"久违"。
> 询问姓名，说"贵姓"；自称姓名，说"敝姓"。
> 询问年龄，说"贵庚"；自称年龄，说"虚度"。
> 他人住处，说"尊寓"；自称住处，说"寒舍"。
> 赞人见解，说"高见"；自称见解，说"愚见"。
> 欢迎他人，说"光临"；没有亲迎，说"失迎"。
> 探望他人，说"拜望"；起身作别，说"告辞"。
> 中途先走，说"失陪"；等待他人，说"恭候"。
> 送别他人，说"慢走"；请人别送，说"留步"。
> 请人饶恕，说"恕宥"；自责不周，说"失敬"。
> 请人批评，说"指教"；请人指点，说"赐教"。
> 打断别人，说"打扰"；请人原谅，说"包涵"。
> 请人帮忙，说"劳驾"；托人办事，说"拜托"。
> 求人解答，说"请问"；佩服他人，说"拜服"。
> 劝告他人，说"奉劝"；告诉他人，说"奉告"。
> 归还东西，说"奉还"；赠送东西，说"奉送"。

2. 准确

与他人交谈时，应尽量讲普通话，且要吐词清晰、发音标准、语速适中，准确地表达自己的观点或看法，以便他人能听得清楚、明白。一般情况下，应慎用外语或方言。

模块 4　日常社交礼仪

3．简洁易懂

与他人交谈时，所用的语言应当力求言简意赅，切忌雕琢语言、堆砌辞藻、废话连篇或喋喋不休。同时，用语应当通俗易懂，不可晦涩难懂、有歧义或模棱两可，以免他人产生理解上的困难，从而引起不必要的误会。

4.5.4　交谈技巧

与他人交谈时，巧妙地运用赞美、幽默或拒绝的技巧，有利于创造良好的交谈氛围。

1．赞美的技巧

赞美能带给人快乐和信心。在交谈过程中，恰当地赞美他人有利于建立良好的人际关系。常用的赞美技巧有以下几种。

1）直接公开式

直接公开式即在特定的公开场合或众人面前，热情、慷慨地赞许他人的优点、观点或特性。这种方式具有很好的激励作用，能够很好地传达赞美者的诚意。

2）间接迂回式

间接迂回式即借助与交谈对象相关联的事物或第三者的话来表达赞许之意。例如，赞美一位出生于杭州的女士，可以说"上有天堂下有苏杭，杭州的女孩子真是有灵气啊。"；赞美一位业务员，可以说"我常听刘经理提起你，他很欣赏你的做事方法和办事能力，今日一见，果然名不虚传。"等。这种方式往往具有增强客观可信度的作用，比直截了当的赞美效果更好。

需要注意的是，赞美他人应当翔实具体、恰如其分，切忌无中生有或言过其实，否则会萌生讽刺之意，进而弄巧成拙。

💡 **礼仪小贴士**

> 被他人赞美时应大方地承认自己的优点，有礼貌地接受赞美，并对赞美自己的人表示感谢。

2．幽默的技巧

幽默是一个人智慧、修养等方面的综合反映，它能够活跃交谈气氛、协调人际关系。常用的幽默技巧有以下几种。

1）否定式

否定式即用否定的方式间接地肯定某事物。例如，一位顾客到饭店吃饭，发现米饭中有很多沙子，于是不得不将沙子挑出来放在桌上，服务员看到后抱歉地问："有很多沙子吗？"这位顾客摇摇头，微笑着说："不，也有米饭。"顿时，两人都笑了。这种幽默让服务员消除了不安心理，同时也让其认识到了问题所在。

2）误解式

误解式即有意无意地误解谈话语句中的某一词义、发音、所指重点或交谈对象所要表现的某一事物，并给予反逻辑回答或反应，从而制造笑料。例如，一位女士到学校看望受伤的孩子时，被门卫拦住检查证件，这位女士由于着急便生气地说："太过分了，你长心了吗？"为缓解紧张氛围，门卫耸耸肩回答："那需要解剖后才知道。"

3）夸张式

夸张式即用言过其实的方式表达事物的本质，进而取得幽默效果。例如，一位顾客在餐馆吃饭吃到石子后，将服务员叫过来，指着饭碗里的石子说："你能帮我把这块石头从饭碗里抬出去吗？"

 礼仪小贴士

> 在使用幽默技巧时，应注意时机、场合和对象，要有内涵、不粗俗，并且适可而止，切忌将快乐建立在他人的痛苦之上。

3．拒绝的技巧

在与他人交谈的过程中，社交者有时需要拒绝他人，此时需运用一些技巧，以避免使他人陷入尴尬局面或使他人的自尊心受到伤害。常用的拒绝技巧有以下几种。

1）迂回诱导

迂回诱导，即通过迂回战术诱导他人，使其领会暗示的婉拒含义或知难而退，从而避免尴尬。例如，某海军军官的好友向他问及有关军事机密的事，该海军军官不好正面拒绝，就问："你能保守秘密吗？"好友回答："能。"海军军官笑着说："我也能。"对方一听便心领神会，于是不再问了。

2）有意延时

有意延时，即通过拖延时间来拒绝他人，以避免现场回绝时的尴尬。例如，"我先想想办法，看能不能办成，尽快给你答复。"等。

3）假设后果

假设后果，即按他人提出的要求或条件，假设可能产生的后果，让其知难而退。例如，"这事由我出面的话，恐怕张女士会误会。"等。

4）自嘲婉拒

自嘲婉拒，即在自己身上找一个相关的缺陷或借口，向对方暗示自己不适合答应其请求。例如，"我还没有拿到驾驶证。如果我现在开车送你回去，就属于无证上岗了。"等。

模块 4　日常社交礼仪

> **礼仪互动吧**
> 在日常交谈活动中你使用过哪些交谈技巧？请和周围的同学分享。

4.6　通话礼仪

电话是现代社会生活中一种广泛普及的信息传递工具，能够沟通信息、交流思想。通话礼仪就是人们在拨打电话和接听电话时应遵守的礼仪规范。

4.6.1　拨打电话的礼仪

1. 做好通话准备

拨打电话前，发话人通常应做好通话内容、时间和环境方面的准备工作。

1）内容准备

拨打电话前，发话人应想好要表述的内容，重要通话还须事先拟好通话提纲，切忌拨通电话后词不达意、不得要领。

2）时间准备

（1）拨打时间。若打电话到受话人的住所，则应根据对方的生活习惯来确定拨打时间。一般而言，应避免选择过早、过晚或休息时间，如早晨 7 点以前、晚上 10 点以后、用餐时间、节假日等。若确有急事而不得不在不合适的时间打电话给对方时，接通电话后应立刻表示歉意并说明理由。若打电话到受话人的单位，则应根据对方的工作时间来确定拨打时间，一般应选择对方不太忙的时间，如工作日的上午 10 点左右或下午 3 点左右等。

（2）通话时长。一般而言，每次通话时间应控制在 3 分钟之内。若通话时间确需很长，则应征询受话人的意见，延长通话时间或另约通话时间，并在通话结束时略表歉意。

3）环境准备

拨打电话时，应选择安静的通话环境，并考虑受话人接听电话时所处的环境，切勿在嘈杂、吵闹的环境中通话，否则是极不礼貌的。此外，若通话内容涉及机密或隐私，还应确保通话环境的私密性。

2. 耐心拨打

拨打电话时，应耐心地等待对方的回应。一般而言，铃声响过 6 声或大约半分钟后，还是无人接听，可挂断电话。切忌在铃响未过 3 声时就挂断电话，或挂断后重复拨打。

3. 礼貌通话

拨通电话后，首先应向对方问好，做自我介绍，并报出受话人的基本信息，具体方式有以下两种。

（1）普通社交模式，如"您好！我是××（本人姓名），我想找××（受话人姓名）。"

（2）公务模式，如"您好！我是××公司××部门××（职位）××（本人姓名），我要找××公司××部门××（职位）××（受话人姓名）。"

若电话由他人代接，应在礼节性问候之后，礼貌地请其代为转接。若受话人不在，可请代接人转告来电事由或约其他时间再打。若电话由受话人亲自接听，则可礼貌地与之通话。

若通话时电话中断，应再次拨通电话稍做解释，以免对方误会。若拨错了电话，则应礼貌地向被打扰者道歉，切忌一声不吭地挂断电话，或者怨天尤人，说诸如"真倒霉""见鬼"之类的话。

4. 有序挂断

一般来说，通话双方无尊卑差别时，应由发话人先挂断、受话人后挂断；通话双方的尊卑差别较大时，应由尊者先挂断、卑者后挂断。例如，上级与下级通话时，应由上级先挂断，下级后挂断。

4.6.2 接听电话的礼仪

1. 及时接听，礼貌应答

电话铃响后，应及时接听，切忌拖延、不接或直接挂断。一般而言，接听电话应遵守"铃响不过3声"的原则，以免发话人久等。若电话铃响超过3声才接听电话，应在通话时先向发话人道歉，如"对不起，让您久等了"等。

通话时，首先应向发话人问好并做自我介绍，如"您好！我是××""您好！××公司××部门××（本人姓名），请讲。"等。

若自己是受话人，应礼貌地应答发话人。若自己不是受话人，则应礼貌地询问对方要找的受话人，并热情、迅速地为其转接，切忌漠然视之、挂断电话或在电话旁大声喊叫受话人的名字。

若受话人不在或不方便接听电话，应向发话人致歉，并让其稍后再拨，如"对不起，他现在不在，您可以 10 分钟后再打吗？"等。若发话人愿意，可代为传达来电留言；若对方不愿意，切勿刨根究底。

若对方拨错了电话，应自报家门，友好地告知或提醒对方，切忌表露出愤怒或不耐烦的情绪，甚至斥责对方。

模块 4　日常社交礼仪

礼仪互动吧

秘书小马桌前两台电话同时响起，小马手忙脚乱，一会儿拿起这个电话，一会儿拿起那个电话，结果两个客人都很不高兴。

假如你是小马，你会如何处理这种情况？请与周围的同学讨论，并3人一组进行情景模拟。

2. 仔细倾听，做好记录

无论自己是受话人还是代接人，都应当仔细倾听发话人的讲话，并不时地回应对方（如说"嗯""哦""是的""好的"之类的话），让对方感受到自己在被倾听，切忌默不作声或轻易打断对方的话。

同时，在通话过程中应做好通话记录（包括发话人的来电时间、姓名、来电事由等内容），以便准确转达或避免遗忘。若作为代接人为他人做通话记录，则应注意保护受话人的隐私，切勿四处宣扬来电信息或打听发话人与受话人之间的关系等。

3. 结束通话，礼貌挂断

接听电话的一方不宜率先提出结束通话的要求，而应让对方先提出。若确有急事需要中止通话，则应向发话人说明原因、表示歉意，并再约时间，主动拨打给对方，且在下次通话时向对方表示歉意。

若通话超过约定时长，接听电话的一方想要结束通话时，可采取委婉、含蓄的方式提醒发话人，如"我不再占用您的宝贵时间了，下次再聊。"等，切忌说一些可能会让对方感到难堪的话，如"你说完了吗？我还有事，先挂了。"等。

礼仪知识窗

使用手机时，除了要遵循上述拨打、接听和结束通话的相关礼仪规范外，还应特别注意以下几点。

（1）安全。根据相关规定，驾驶汽车、乘坐飞机及在加油站时，都是禁止使用手机的。另外，在一些军事基地、博物馆、档案馆，以及新产品、新技术的发布会、研讨会上，出于安全或保密等原因，通常也不允许使用手机。

（2）防止产生噪声。在某些公共场所，如幼儿园、自习教室、图书馆、音乐厅、影剧院、报告厅等，应将手机调至静音或振动状态，必要时还应关机。

文明守礼润人心

汉语称呼语的礼仪传承与时代要求

中国是传承千年的礼仪之邦。《周礼》有言:"凡国之大事,治其礼仪,以佐宗伯。"被视为文化"活化石"的汉语称呼语,既是中华礼仪文化在日常语言实践中的体现,也是传承华夏千年礼仪文化的要素之一。随着社会的发展变化,延续千年礼仪文化的汉语称呼语,既要在新时代焕发礼仪教育的生命力,又要适应社会的变迁而完备自身,满足人们在新时代的称呼需求。

称呼语是一种语言中人们用来当面招呼某人的言语表达方式,能直接反映社会交往中人们彼此之间的各种关系。

汉语有着丰富的称呼语,蕴含中华文化"重视亲缘"和"尊人贬己"的特点。与世界其他语言相比,汉语拥有的亲属称呼语最为丰富,例如"伯伯""姑姑""姨姨"等,这与中国重视亲缘的历史文化是分不开的。《大学》道:"欲明明德于天下者,先治其国;欲治其国者,先齐其家。""家国同构"是中华民族的共识,血缘在中国社会生活中起着不可忽视的纽带作用。汉语的亲属称呼语不仅在日常交际中维系着传统的血缘关系,更特别的是,面对非亲属关系的社会交际对象,中国人也常常采用拟亲属称呼语,如"大哥哥""张阿姨""李爷爷"等,以表示亲近、信任和礼貌。

"尊人贬己"是最富有中国文化特色的礼貌现象。称呼他者或与他者相关联的事物时要"尊",如"兄台""令尊""贤弟"等敬语;称呼自己或与自己相关的事物时要"贬",如"鄙人""犬子""拙荆"等谦语。这些称呼语中的敬语与谦语是中华民族谦恭礼让、温文尔雅的文化心态的集中体现,现在还活跃在文人的书面语或正式的商洽文体中。

称呼语作为一种普遍的语言实践,实际上是一种重要的礼仪行为,蕴含着维系社会人际和谐稳定的礼仪文化,不仅关系到言语交际能否成功,而且还对社会关系、社会面貌有着直接影响。在中国传统的熟人社会语境下,汉语丰富的亲属称呼语能够满足人们之间的称呼需求。

随着全球化与现代化影响的深入,人们的社会交际范围逐渐扩大,陌生人之间的交往更加频繁。这时,汉语称呼语中用来称呼陌生人的社会称呼语出现了缺位。汉语中没有一个具有普适性的社会称呼语用来称呼陌生人或引起陌生人的注意。因此,汉语的社会称呼语随着社会变迁不断变换着。这恰恰也反映了语言与时代的密切关系。

21世纪以来,社会交往更加复杂多样,汉语社会称呼语呈现出多样化、个性化、创新化趋势。比如,近来新兴的社会称呼语"小姐姐",本是亲属称呼语,现在常被用来指称没有血缘关系、年纪较轻、但比称呼者年长的女性。对应"小姐姐"被创造而来的"小哥哥",也在年轻群体中逐渐流行开来,二者成为又一对新的社会称呼语。

　　语言承载着社会历史,语言的传承与创新本身也是不断前进变化着的历史。汉语称呼语既延续着中华民族的礼仪文化,也随着时代的变迁不断地变化着;既是中华五千年礼仪文明的实践载体,又是新时代焕发中国礼仪文明生命力的重要媒介。泱泱古国深厚的文化底蕴奠定了汉语称呼语的礼仪基因。尽管汉语称呼语经受时代的洗礼而不断更新,但其背后的文化内涵却是不变的璀璨。

（资料来源：光明网，作者李琼、赖健玲，有删改）

模块检测

1．填空题

（1）在较正式的场合，通常以_____称呼男性，以_____称呼女性。

（2）公务式自我介绍主要适用于工作场合，其内容应包括_____、_____、_____等。

（3）握手时，讲究伸手的先后顺序，一般遵循_____的原则。

（4）拨打电话前，发话人通常应做好_____、_____和_____方面的准备工作。

2．判断题

（1）在社交场合，"兄弟""哥们"等称呼可以随时使用。（　　）

（2）年长者与年幼者握手时，应由年长者首先伸出手来。（　　）

（3）递送名片时，可以把名片夹递给对方，让对方动手拿取名片。（　　）

（4）使用幽默技巧交谈时，切忌将快乐建立在他人的痛苦之上。（　　）

3．简答题

（1）简述介绍他人的方式和内容。

（2）握手时有哪些禁忌？

（3）交谈时有哪些技巧？

综合评价

各组配合指导教师完成如表 4-1 所示的考核评价表。

表 4-1 考核评价表

项目名称	评价内容	分值	评价分数		
			自评	互评	师评
知识与技能考核 60%	掌握称呼礼仪的要点及运用，能够在实际生活中得体地称呼交往对象	10 分			
	掌握介绍礼仪的要点及运用，能够在实际生活中礼貌地进行自我介绍或为他人做介绍	10 分			
	掌握握手礼仪的要点及运用，能够在实际生活中大方得体地与他人握手	10 分			
	掌握名片礼仪的要点及运用，能够在实际生活中规范地递送和接受名片	10 分			
	掌握交谈礼仪的要点及运用，能够在实际生活中文明、顺利地与他人沟通	10 分			
	掌握通话礼仪的要点及运用，能够在实际生活中礼貌地进行通话交流	10 分			
素质考核 40%	具有良好的语言表达能力	10 分			
	善于分析、总结与反思	15 分			
	善于理论联系实际，能够将所学知识应用于实际生活中	15 分			
合　计		100 分			
总评	自评（20%）+互评（20%）+师评（60%）=	教师（签名）：			

模块 5

宴请礼仪

知节有礼

用餐者的修养

贾某是一家公司的业务经理。有一次,贾某因工作需要,设宴招待一位生意伙伴。有意思的是,那一顿饭吃下来,令对方最为欣喜的,不是贾某专门为其准备的丰盛菜肴,而是贾某在陪对方用餐时的举止表现。用生意伙伴当时的原话来讲就是:"贾先生,你在用餐时一点儿响声都没有,使我感到你的确具有良好的教养。"双方后续的合作也进行得十分顺利。

想一想

从上述案例中,你得到了什么启示?参加宴会时,应注意遵守哪些礼仪规范?

5.1 宴请的基本礼仪

宴请是一种重要的社交活动,是人们在交往中表示欢迎、庆祝、答谢、饯行等增进友谊和融洽气氛的重要手段。做好宴请的各项工作,遵守宴请的基本礼仪,往往可以事半功倍。宴请的基本礼仪包括宴请准备礼仪、宴请流程礼仪和赴宴礼仪。

5.1.1 宴请准备礼仪

作为主人的一方应在宴请前做好以下准备工作。

1. 确定宴请目的

在宴请他人之前,首先应确定宴请目的。宴请的目的可以是欢迎、欢送、答谢某个人或企业,也可以是庆祝、纪念某个节日或活动。

2. 确定宴请对象

根据宴请目的,事先确定宴请哪些宾客,以及被宴请宾客的姓名、职务、称呼、习惯、爱好等,并列出详细的宴请清单,以便确定宴请的规格、形式及主陪人等。

模块 5　宴请礼仪

3. 确定宴请形式

根据宴请目的和对象，确定宴请形式。一般来说，设宴目的隆重、范围广泛的宴请，应以正式的、高规格的宴会形式为主；日常交往、友好联谊且人数较多的宴请，以冷餐会形式或酒会形式为主；群众性节日活动的宴请，以茶会形式居多。

4. 确定宴请时间

根据主客双方的具体情况确定宴请时间。宴请的时间应避开重大节假日和双方的禁忌日，以便于主客双方的出席。

5. 确定宴请地点

根据宴请规格和形式事先确定宴请地点。一般而言，宴请的地点应交通便利、环境幽雅，且宴请地点的宴会厅应能容纳出席宴会的全体人员。

6. 确定菜谱

根据宴请的形式，以及被宴请宾客的年龄、性别、喜好和禁忌等确定宴请的菜谱。菜谱中的菜肴应赏心悦目、富有特色并搭配合理。

7. 邀请宾客

一切具体工作准备就绪之后，便可向宾客发出邀请。通常，邀请宾客出席宴会应采取书面方式，其具体形式为发送请柬。

请柬的内容应包括邀请人的姓名或单位名称，被邀请人的姓名及称呼，宴请的形式、地点、时间，以及出席宴请的着装要求或提示等，必要时还应注明被邀请人的座次号。请柬应提前 1~2 周，甚至提前 1 个月发出。特别重要的宾客应委派专人将请柬送达。请柬发出后，还应及时落实出席情况，以便安排或调整座位。

5.1.2　宴请流程礼仪

1. 迎接宾客

宴会开始前，主人应站在宴会大厅门口恭候宾客，其他陪同人员则应到门外列队迎宾。宾客到达后，主人应迎上前去热情握手，致以问候，不能疏忽或冷落任何一位宾客，切忌因宾客的身份高低而对他们区别对待。

2. 引导入席

宾客到达后,主人应引导宾客按一定顺序入席。通常,应先引导主宾、女宾入席,再引导其他宾客入席。

3. 准时开宴

按预定的时间准时开宴是宴请礼仪的基本要求。主人不能因为个别宾客未到场,就随意将开宴时间推迟。如果因主宾未到而不得不推迟开宴,主人应及时联系主宾了解原因,尽快采取补救措施,并向已入座的宾客说明情况,表达歉意。推迟开宴的时间宜控制在10～15分钟,最迟不应超过30分钟。

4. 致辞发言

一般情况下,主人应在开宴前致辞,并邀主宾讲话。致辞或讲话期间,其他人员应保持安静,认真聆听。

5. 宴会用餐

主人应努力使宴会气氛融洽,要不时地找话题与宾客进行交谈,还要注意宾客在用餐时的喜好,以控制宴会的进度。

6. 宴毕送客

宴会结束后,主宾告辞,主人送至门口、热情话别,并与其他客人一一握手话别,表示欢送之意。

5.1.3 赴宴礼仪

参加宴会的人员在赴宴过程中应注意以下礼仪规范,以体现良好的气质风度和礼仪修养。

1. 及时回复

接到邀请后,应尽快向主人表明自己是否出席,以便主人掌握出席人数。接受邀请后,不要随意变动,确有意外不能前往时,要提前解释,并表达歉意。主宾如果不能如期赴宴,最好亲自登门致歉。

2. 注重仪表

出席比较正式的宴会应提前适度修饰自己的仪表。无论男女,都要穿着既符合自己在宴会上的身份又突出自身气质的衣服,女性还应化合适的妆容。

模块 5　宴请礼仪

3. 准时赴宴

赴宴者应按宴请的时间、地点及要求准时出席宴会。既不要迟到，又不要过早抵达。到场过早，主人尚未做好接待准备，容易给主人添麻烦；到场过迟，则会使宴会受到影响，不仅会给主人带来不便，还会使其他宾客感到不悦。

4. 按位落座

在宴会厅，要按服务人员的指引和主人的安排就座。注意自己的姿态，既不过于拘谨，也不散漫随便。同桌如有长者和女士，应主动礼让。

5. 文雅进餐

遇到自己爱吃的食物时，不要盛得过多；遇到自己不喜欢的食物，不要一点儿都不吃。要闭嘴咀嚼食物，且在咀嚼时不要张嘴说话。喝汤时要避免发出"呼噜"的声音。

6. 宴后致谢

宴会未结束时，不可中途离席；等主人示意宴会结束后，才可依次离席。宾客离开前应向主人道谢，如"谢谢您的款待。""您真是太好客了。""菜肴丰盛极了。"，并向其他宾客告别，再和主人握手告别。如果因有事要提前离席，则应向主人及同席的宾客致歉。

5.2　中式宴请礼仪

5.2.1　中式宴请的桌次和座次礼仪

在中式宴请中，桌次和座次的排列顺序体现着主人给予宾客的礼遇规格，二者都是宴请礼仪的重要内容。

1. 桌次礼仪

中式宴会一般采用圆桌，视用餐人数的多少设一桌或多桌。在正式的中式宴会中，桌次排列应遵循以下原则。

（1）居中为上。多张餐桌环绕摆放时，居于正中间的餐桌为主桌。

（2）以右为尊。多张餐桌横向并列摆放时，以面向宴会厅正门的视角为基准，右侧的座位尊于左侧的座位。

（3）远门为上。多张餐桌纵向排列时，以距离宴会厅正门的远近为基准，距离正门远的座位为尊位。

（4）临台为上。若宴会厅内有主席台，则紧挨着主席台的餐桌为主桌。

对于仅有两桌宾客的小型宴会，可根据场地横向或纵向排列餐桌，如图5-1所示。对于有多桌宾客的宴会，可采用三角形、方形、梯形等多种方式排列餐桌，如图5-2所示。

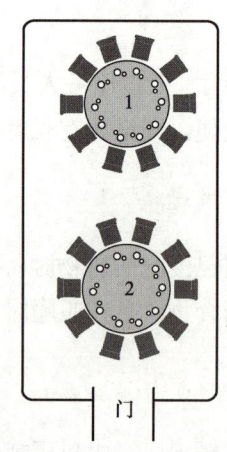

图 5-1　两桌排列方式（1 表示主桌）

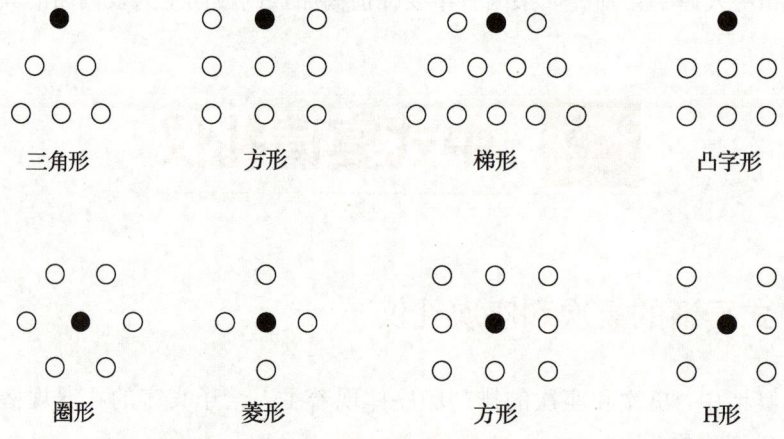

图 5-2　多桌排列方式（●表示主桌）

2．座次礼仪

在中式宴会中，座次的排列一般遵循以下原则。

（1）面门为尊。在每张餐桌上，以面对宴会厅正门的座位为尊位。

（2）右尊左卑。在每张餐桌上，以面对宴会厅正门的视角或

座次礼仪案例
——升职加薪

该桌主人座位的朝向为基准，右侧的座位尊于左侧的座位。

（3）近尊远卑。在每张餐桌上，距离该桌主人较近的座位尊于较远的座位。

每桌只有一个主位时的座次排列如图 5-3 所示。每桌有两个主位时的座次排列如图 5-4 所示。

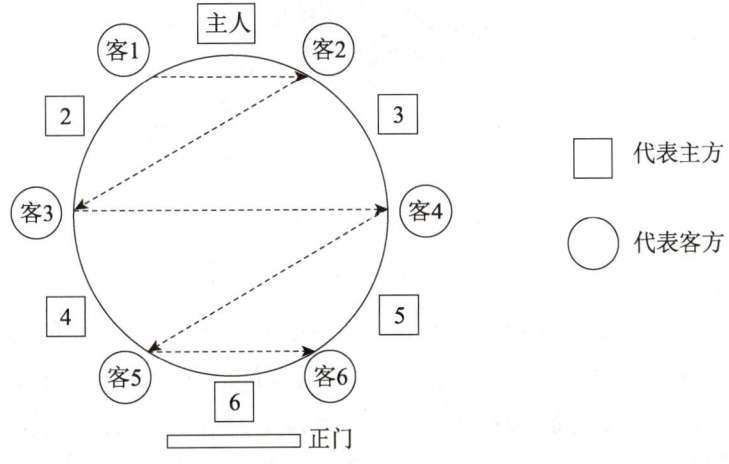

图 5-3　每桌只有一个主位时的座次排列

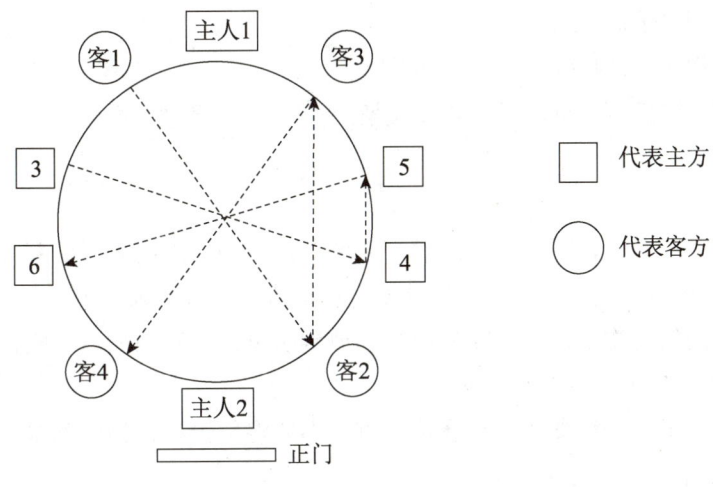

图 5-4　每桌有两个主位时的座次排列

5.2.2　中餐餐具的使用礼仪

中餐餐具主要有筷子、勺子、碗、碟、杯子和辅助餐具（如湿巾、公筷、公勺等），用餐者在使用这些餐具时应遵循以下基本礼仪。

1. 筷子的使用

筷子的正确使用方法如图 5-5 所示。

图 5-5 筷子的正确使用方法

在使用筷子时，还应注意以下事项。

（1）用餐时一定要将筷子的两端对齐，切忌使筷子出现一长一短的情况。

（2）夹菜时，应确保筷子上无残留食物，不能舔食筷子上的残留食物或把筷子含在嘴里；不能用筷子在菜盘里翻找、挑拣或一次性夹过多的菜；夹菜时不能让菜汁一路洒落。

（3）在用餐过程中与他人交谈时，应将筷子合拢，纵向搁在碟或碗上，而不能拿着筷子和人交谈或举着筷子做一些肢体动作。

（4）不能把筷子插在米饭中。

（5）不能用筷子敲打碗、碟或茶杯等。

（6）用餐完毕后，应将筷子放置在筷架上。

2. 勺子的使用

（1）用勺子取食时，不可盛得过满，以免菜汁或汤汁溢出来弄脏餐桌或衣服；舀取食物后应在原处停留片刻，待菜汁或汤汁不再往下流时再取回来享用。

（2）若取用的食物过烫，则应先将食物放到碗里，待其稍凉后再吃，不能用勺子在食物中舀来舀去，也不能对着食物吹气。

（3）使用勺子时，将食物送至唇边即可，不要将勺子和食物全部塞入口中，或者反复吮吸、舔食勺子。

3. 碗、碟的使用

碗主要用于盛放食物，碟主要用于暂放从菜盘里取回的菜肴，两者的功能大致相同。在使用碗或碟时应注意以下礼仪规范。

（1）用餐时不要将碗举得过高；应使用筷子或勺子从碗中取食，不能直接用手取食，更不能直接用嘴吸食或把食物往嘴里倒；不能舔食碗或碟内的剩余食物。

（2）不要一次性取过多的食物并将其堆放在碟内，否则，不同的食物容易串味，且模块 5　宴请礼仪

这种做法有失礼节。

（3）不要将残渣、骨、刺等吐在地上或桌上，应使用筷子将其夹至碟的前端；如果碟已满，可示意服务人员更换。

4．杯子的使用

杯子有酒杯、水杯和茶杯之分。酒杯用于盛酒，水杯用于盛清水、果汁、可乐等，茶杯用于盛茶水，三者应分开使用。需要注意的是，不要倒扣杯子，不能将喝入口中的酒、饮料或茶水吐回杯中。

5．湿巾的使用

湿巾用于餐前擦手，擦完后应放回湿巾碟，由服务人员收走。有时，在用餐结束前，服务人员会再端上来一块湿巾，这块湿巾一般用来擦嘴，最好不要用来擦脸。

6．牙签的使用

用餐时，尽量不要当众剔牙。非剔不可时，应用一只手掩住口，另一只手用牙签剔牙；不要当众观赏从牙缝里剔出来的东西，更不要随手乱弹；不要叼着牙签，更不要用剔过牙的牙签扎取食物。

礼仪互动吧

使用中餐餐具时应避免哪些不文明的言行？请和周围的同学展开讨论。

5.2.3　中餐就餐礼仪

在中式宴会上就餐时，用餐者应当遵守以下礼仪规范。

（1）主人示意开宴后方能开始用餐，用餐时应保持仪态端庄。

（2）不能擅自为他人夹菜，否则可能给对方带来困扰。

（3）夹菜时，应使用公筷、公勺，适量取用；应待餐桌转盘将自己喜爱的菜肴转到自己面前后再夹菜，不要起身夹取远处的菜；与他人同时取菜时，应注意礼让。

（4）用餐时应闭嘴咀嚼、小口进食，不要大口狂塞或发出声响。

（5）若想要打喷嚏或咳嗽，应马上背转过头，避开旁人，并用餐巾掩住口鼻。若发出不自主的声音（如打嗝、打喷嚏、肠鸣等），则应向同桌的用餐者表达歉意。

（6）用餐过程中应适时地与在场的用餐者交谈。交谈时，应注意选择愉快的话题。但应注意，正在咀嚼食物时应避免与他人说话；他人在咀嚼食物时，应避免与之交谈。

（7）用餐期间，不要当众修饰仪容。若需要梳理头发、化妆或补妆等，则应去化妆间或洗手间进行。

礼仪知识窗

中餐上菜礼仪

1. 上菜的顺序

在中式宴会中，上菜应讲究一定的顺序。一般来说，上菜顺序如下。

（1）冷盘。通常是四道凉菜，或由四种以上的菜品组成的大拼盘。

（2）热炒。通常是四道现炒的热菜。

（3）主菜。通常是四道、六道或八道（一般为偶数道）最具特色的菜品，如全乳猪、烤羊腿等。

（4）汤。分为甜汤和咸汤，通常与点心搭配。一般来说，若上咸点心，则上咸汤；若上甜点心，则上甜汤。

（5）主食或点心。通常是糕、饼、包子、饺子等食物。

（6）果盘。通常是由各种水果组成的拼盘，是正餐后的一道清口菜，旨在爽口、去油腻。

2. 上菜时的注意事项

（1）为多张餐桌上菜时应保证向各桌同时上菜，且第一道菜宜在开席前5分钟内端上餐桌。

（2）每上一道菜都应转动转盘，将这道菜移至主人或主宾面前。

（3）上菜和撤盘应分别从用餐者的左侧和右侧进行，避免在主人或主宾的身边操作。

（4）上菜节奏应根据宾客的要求和进餐速度灵活把握，以防菜品堆积或出现空盘、空台的现象。

礼仪故事屋

小细节大败笔

李先生是一家科技公司的咨询顾问，在工作业务、交际能力等方面都相当出色。由于他接受能力强，虚心好学，对业务精益求精，来公司3年已成为优秀业务骨干。但却因为在一次宴会上因忽视了细节而被解雇。

一次，公司总经理邀请一位大客户吃饭，并让李先生陪同。在等待客人的过程中，总经理提醒他说："今天，你不是代表自己，而是代表公司，待人接物一定要注意细节，不要出现差错。"

结果，在吃饭时，李先生嘴巴发出"吧嗒吧嗒"的声音，弄得总经理非常尴尬。这时，客户开玩笑地说："你们小李给我们的印象不错，我们也希望能一起合作。不过我是第一次和小李吃饭，这小李吃饭时还会伴奏呀！"结果这个客户没有选择和他们合作。尽管这不是李先生的工作失误，但总经理也没有再和他续签劳动合同。

模块 5　宴请礼仪

5.3　西式宴请礼仪

5.3.1　西式宴请的座次礼仪

西式宴会的宴请者在安排座次时，通常需遵循以下原则。

（1）女士优先。在安排家宴时，一般女主人为第一主人，在主位就座；男主人为第二主人，在第二主人的位置就座。在其他西式宴会中，也要遵守女士优先的原则，如让女士先入座等。

（2）以右为尊。就某一具体位置而言，右侧之位要尊于左侧之位。例如，在排列西式宴会的座位时，应安排男主宾坐在女主人右侧或女主宾坐在男主人右侧。

（3）面门为上。以宴会厅正门作为参照物，面对正门的位子要尊于背对正门的位子。

（4）近高远低。距离主位近的位置要尊于距离主位远的位置。

（5）交叉排列。排列座位时，男女应当交叉排列，熟人和生人也应当交叉排列。一个就餐者的对面和两侧往往是异性或不熟悉的人，这样可以广交朋友。

西式宴会的餐桌一般是长桌或方桌。长桌的座次排列如图 5-6 所示；方桌的座次排列如图 5-7 所示。

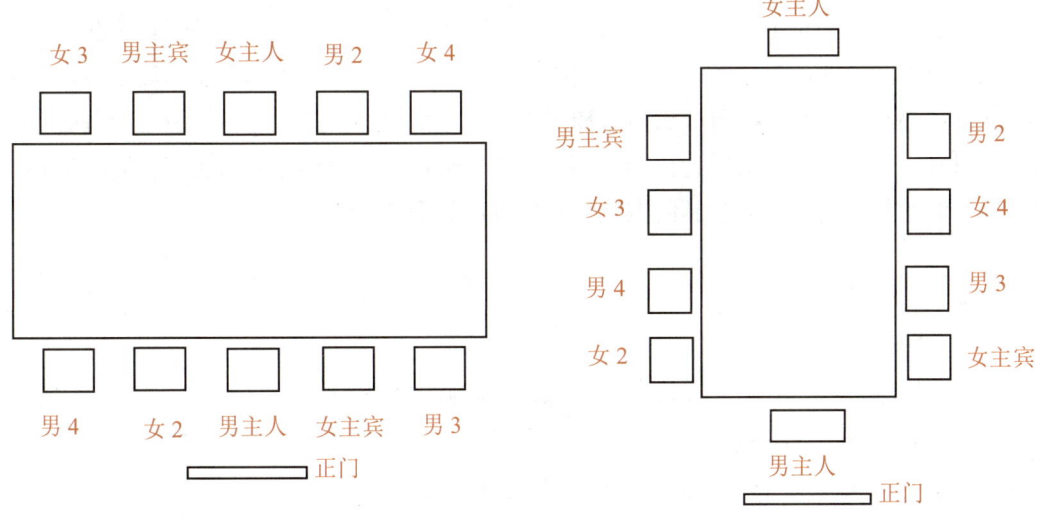

图 5-6　长桌的座次排列

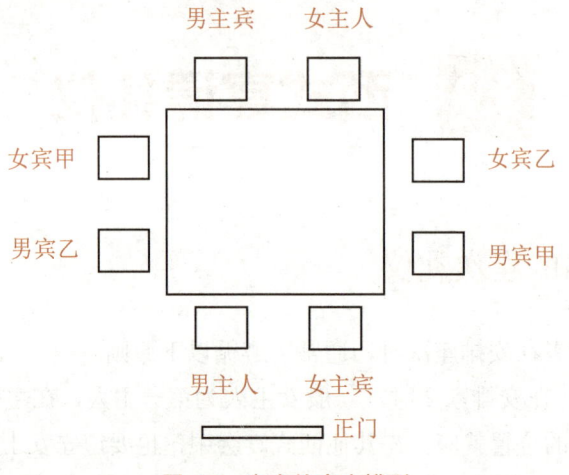

图 5-7 方桌的座次排列

5.3.2 西餐餐具的摆放和使用礼仪

西餐餐具一般包括刀、叉、匙、盘、杯和餐巾。其中，刀分为肉刀、鱼刀、沙拉刀、黄油刀等，叉分为肉叉、鱼叉、甜点叉、沙拉叉等，匙分为汤匙、甜品匙、咖啡匙等，盘分为垫盘（用于切割或盛放食物的盘）和甜点盘等，杯分为红葡萄酒杯、白葡萄酒杯和水杯等。

1. 西餐餐具的摆放礼仪

西餐餐具的种类和数量较多，其摆放也十分讲究。通常，西餐餐具应按如下规则摆放。

垫盘放在餐位的正中间；叠好的餐巾放在垫盘上；垫盘的左侧纵向放叉，叉齿向上，右侧纵向放刀和汤匙，刀刃朝向垫盘，匙心向上；叉的左侧纵向放甜点盘和黄油刀，刀刃朝向垫盘；垫盘的正前方横向放甜品匙和甜点叉，匙柄向右，叉柄向左；垫盘的右前方斜向放 3 只杯子，从右到左依次为白葡萄酒杯、红葡萄酒杯和水杯，有时也可为香槟酒杯、葡萄酒杯和水杯。整套西餐餐具的摆放位置及顺序如图 5-8 所示。

2. 西餐餐具的使用礼仪

1）刀叉的使用

（1）使用顺序。使用刀叉时，应从外侧向内侧依次使用。

（2）刀叉持法。右手持刀，左手持叉，食指按住餐刀和餐叉的背部，拇指与中指紧紧地捏住刀柄与叉头（或刀刃）的接合处，如图 5-9 所示。

（3）刀叉用法。用餐时，先用餐叉将食物按住，然后用餐刀将食物切成小块，再用餐叉将小块食物送入口中。切割食物时，要双肘下沉，不要弄出声响。

（4）刀叉传递的信息。刀叉除了可以切割、取食外，还可以传递"用餐中"或"用餐完毕"等信息。通常，将刀叉放在盘子中间或者边沿，摆成"八"字形，叉齿向下，刀刃朝内，表示"用餐中"，如图5-10（a）所示；将刀叉并齐，平行放在盘中，刀柄和叉柄均向右侧倾斜，则表示"用餐完毕"，如图5-10（b）所示。

图5-8　整套西餐餐具的摆放位置及顺序

图5-9　持刀叉的姿势

（a）用餐中

（b）用餐完毕

图5-10　刀叉传递的信息

2）餐匙的使用

西餐中的汤匙、甜品匙、咖啡匙分别用于饮汤、取甜品、搅拌咖啡，不可用汤匙和甜品匙舀取主食或菜肴。

3）餐巾的使用

用餐前，应将餐巾打开，沿对角线折成三角形或平行对折成长方形，平铺在双腿上，并将折口朝外，如图 5-11 所示，以方便拿起来擦拭嘴巴。切勿将餐巾围在脖子上、掖在裤腰上或放在其他地方。不能用餐巾擦汗或擦鼻涕，更不能用其擦餐具或餐桌。

小小餐巾中的大秘密

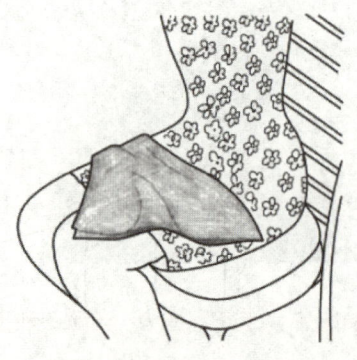 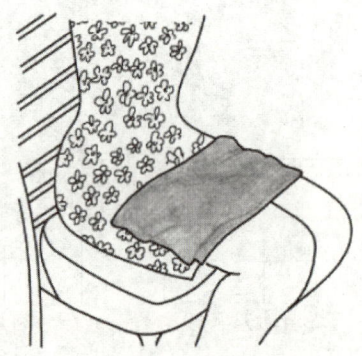

（a）沿对角线折成三角形　　　　　　（b）平行对折成长方形

图 5-11　餐巾的叠放

用餐期间暂时离席时，应将餐巾放在自己的座位上，以示稍后会继续用餐，如图 5-12 所示。切忌把餐巾挂在椅背上或揉成一团放在餐桌上。用餐结束后，可将餐巾放在餐桌上，以示停止用餐，如图 5-13 所示。

图 5-12　稍后会继续用餐　　　　　　图 5-13　停止用餐

4）杯子的使用

对于垫盘右前方斜向摆放的杯子，可从外侧向内侧依次使用。在使用高脚杯时，应手持杯柱部分，不能用手捧住杯腹，以免手温破坏杯内液体的口感。

礼仪互动吧

每两人一组，练习西餐餐具的摆放和使用礼仪。

5.3.3 西餐就餐礼仪

1. 餐前交流

宾客在进餐之前，应尽可能与周围的人相互问候、介绍和交流，以联络感情或认识新朋友，切勿沉默不语。

2. 入座顺序

当被主人邀请入座时，宾客应按顺序入座。一般情况下，女士、职位高者、长辈应先入座，男士、职位低者、晚辈应后入座。当女士入座时，男士通常应走上前去将她们的坐椅稍向后搬，待其将要坐下时，再将椅子稍向前推。

礼仪知识窗

西餐上餐顺序

一般情况下，西式宴会全套餐点的上餐顺序如下。

（1）开胃菜（前菜）。一般有冷头盘和热头盘之分，常见的菜品有鱼子酱、鹅肝酱、熏鲑鱼、鸡尾杯、奶油鸡酥盒等。

（2）汤。常见的汤品有牛尾清汤、海鲜汤、蔬菜汤、罗宋汤等。

（3）副菜。通常为海鲜、面包和蛋类。海鲜类菜肴还会配有专用的调味汁，如鞑靼汁、奶油汁等。

（4）主菜。通常是肉类，如牛排、鸡排等，肉类菜肴也会配有专用的调味汁，如蘑菇汁、咖喱汁、奶油汁等。

（5）沙拉。通常是蔬菜沙拉，可安排在主菜之后，也可与主菜同时上桌。

（6）甜品。通常是布丁、奶酪、甜点等。

（7）咖啡。可以加糖或淡奶油饮用。

3. 用餐礼仪

在享用西餐时，应注意以下用餐礼仪。

（1）食用全鱼时，先用刀叉将鱼的头、尾、鳍切除，再吃鱼肉。食用鱼肉时，应由左向右，边切边吃，吃完鱼肉的上层后，用刀叉剔掉鱼骨，再吃下层，切勿翻动鱼身。

（2）西餐中的肉类一般都是大块的（如羊排、牛排等）。吃肉时应使用餐叉将肉按住，再用餐刀从左侧开始将肉切成小块，如图5-14所示。切肉时，不宜发出声响，也不宜一次性将肉全部切成小块，以免肉汁过早流出而影响口感。

图5-14　肉类的切法

（3）喝汤时，应用手握住汤匙柄由内向外舀汤，舀汤时将汤量控制在汤匙的七分满即可，不能舀得太满；不要用力吸汤并发出声响，更不要舔汤匙；汤盘中的汤只剩少许时，不可直接端起汤盘喝汤，而应将汤盘稍微倾斜，用汤匙轻轻地舀起来喝，不要让汤匙刮到盘底发出声响；喝完汤后，应将汤匙直接放在汤盘下的餐盘上，凹面朝上，不要把汤匙放在桌布上。

（4）吃面包时，先用手撕下一小块，再送入口中，切忌直接用嘴咬面包。需要取用黄油或果酱等蘸料时，应使用专用的黄油刀挖取并抹在撕下的面包块上，再食用。

（5）吃水果时，应先用餐刀将其切成片，然后再用餐叉取食，不要拿起整个水果咬着吃。例如，吃香蕉时应先将其剥皮并放在盘中，然后用餐刀切成片，再用餐叉取食，而不要拿着整根香蕉咬着吃。

（6）喝咖啡时，应先往咖啡杯里加入少许糖和牛奶。若加的是砂糖，可用咖啡匙舀取适量砂糖直接放入杯中；若加的是方糖，则应先用糖夹将方糖夹到咖啡碟上，再用咖啡匙将方糖放入杯中，如图5-15所示。在加入糖和牛奶之后，应先用咖啡匙搅匀咖啡，然后再用食指和大拇指端起咖啡杯饮用，如图5-16所示。需要注意的是，喝咖啡时，不要让咖啡匙留在杯子里，也不要用咖啡匙舀起咖啡饮用。

咖啡中的优雅与魅力

（7）用餐时，应坐姿端正，不可伸腿或跷起二郎腿，也不可将胳膊肘放到餐桌上，更不可频频晃动身体。在用餐的过程中，可轻声与周围的人交谈，不可大声喧哗。

模块 5　宴请礼仪

图 5-15　加方糖

图 5-16　端咖啡

5.4　自助餐礼仪

自助餐又称冷餐会，是指不准备正餐，而只准备些冷食和适量的热菜，由就餐者在既定的范围内自己动手选用菜肴，自由用餐的非正式宴会。自助餐礼仪是指安排或享用自助餐的过程中所需遵守的礼仪规范。

5.4.1　安排自助餐的礼仪

安排自助餐的礼仪是指主办方在筹办自助餐会时的礼仪规范。主办方在安排自助餐时，应遵守以下礼仪规范。

1. 安排就餐时间

按照惯例，自助餐通常被安排在各种正式的商务活动之后，作为正式商务活动的附属环节。自助餐会主办方可根据正式商务活动的时间来灵活安排自助餐就餐时间。

2. 安排就餐地点

自助餐的就餐地点不必像中式宴会那样正式，只要能容下全部就餐人员，且能为就餐者提供足够的交际空间即可。通常，自助餐的就餐地点可选在主办方所拥有的大型餐厅、露天花园、小型广场之内，也可外租、外借类似的场地，如专营性的自助餐店、星级酒店等。

在安排就餐地点时，应注意以下事项。

（1）提供足够的活动空间。自助餐的就餐地点除了具有摆放菜肴的区域外，还应具有一块面积足够大的用餐区域，该区域应能容下所有的就餐者，且不显得拥挤或狭小。

（2）提供足够的桌椅。尽管自助餐提倡就餐者自由走动、立而不坐，但不少就餐者仍期望在就餐期间能有一个歇脚之处。因此，就餐地点应提供一定数量的餐桌与座椅，供就餐者使用。若就餐地点在室外，则还应提供适量的遮阳伞。

（3）环境宜人。就餐地点应洁净卫生、温湿度适宜、明亮舒适，不可散发异味、过冷或过热、空气不畅或黑暗拥挤，否则会影响就餐者的食欲及其对自助餐的整体评价。

3．准备食物

一般而言，自助餐的食物应以冷食为主，品种应丰富多样。具体而言，自助餐的食物包括冷菜、汤、热菜、甜品、茶点、酒水、水果等多种类型。

主办方在准备自助餐时，应根据就餐者的喜好、习惯等具体情况在食物品种的安排上有所侧重，如以甜品为主还是以茶点为主，并酌情安排一些时令菜肴或特色菜肴。准备食物时，务必根据就餐者的人数提供足量的食物，保证食物干净卫生，并注意热菜、热饮的保温。

4．招待客人

自助餐会正式开始时，主办方应热情周到地招待客人，并遵守以下礼仪规范。

1）照顾好主宾

在自助餐会上，主人必须照顾好主宾，如为其拿取餐具或饮料、陪同其就餐、与其进行适当的交流等。但同时应注意给主宾留一些自由活动的时间，不要时刻伴随其左右。

2）充当引见者

就餐期间，主人应尽可能地为彼此不相识的客人创造一些相识的机会，并积极地为他们牵线搭桥，充当引见人。

3）安排服务人员

在小型的自助餐会上，主人往往可以兼任服务人员。但在大型的自助餐会上，主人应当为宾客安排足够数量的服务人员，以便为众多就餐的宾客提供便利的服务。

5.4.2 享用自助餐的礼仪

享用自助餐的礼仪，主要是指以就餐者的身份参加自助餐会时所需遵循的礼仪规范，其内容主要涉及以下几个方面。

1．按序取食

若用餐的人较多，则必须自觉排队取餐，切忌乱挤、乱抢或插队。取餐时，应使用公用餐具将食物盛入餐盘，而不要直接用自己的餐具取食或用手取食。取餐后应迅速离去，不要在众多食物面前犹豫不决或在取餐时挑挑拣拣等。

模块 5　宴请礼仪

取餐前应事先了解一下自助餐的菜品信息（见图 5-17），然后可按照冷菜、汤、热菜、点心、甜品和水果的顺序有选择地取用。

图 5-17　自助餐的菜品信息

2. 少取多次

在自助餐会上，食物的品种繁多、数量充足，用餐者可自由选取自己喜爱的食物，但选取食物时应量力而行，做到每次少取、吃完再取，切忌一次性取大量的食物，以免吃不完造成浪费。

礼仪故事屋

周女士的尴尬

周女士是某公司的业务代表。一次，她代表公司去参加一家合作公司的周年庆典活动。正式的庆典活动结束后，这家公司邀请全体来宾享用自助餐。

周女士在此之前没参加过正规的自助餐会。用餐开始后，她发现其他用餐者都表现得非常随意，便模仿别人"随意"起来。令周女士开心的是，自助餐会上的很多食物都是自己爱吃的。于是，她便毫不客气地将自己喜爱的各种食物盛了满满一盘。当时，她心想：这些食物虽然好吃，但不方便三番两次地取用，否则旁人可能会嘲笑自己没见过世面；再说，如果不多取一些，不久之后美味的食物可能就被取完了。

令周女士尴尬的是，当她端着盛满了美食的盘子从餐台边离去时，发现周围的人都用异样的眼光看着自己。事后经他人提醒，周女士才知道自己当时的行为是有违用餐礼仪的。

3. 积极交际

在自助餐会上，与他人进行适当的交流是非常重要的。每位用餐者都应当主动寻找交谈机会，积极地参与交际活动，不能只顾享用美食，而不与其他用餐者进行任何形式的交流。

在自助餐会上创造交谈机会的具体方法可以参考以下三种：一是请求主人引见；二是自己主动与他人交谈；三是寻找机会加入他人的交谈中。

4. 切勿外带

自助餐会通常不允许用餐者将食物打包带走，因此用餐者一定要牢记"切勿外带"的用餐规则，千万不要"打包"，否则会贻笑大方。

5. 送回餐具

自助餐强调用餐自助，所以用餐者除了取餐自助以外，还应在用餐结束后自觉地将餐具放到指定地点，切不可将餐具随意摆放。

文明守礼润人心

文明餐桌礼仪知识应知应会——文明用餐

使用公勺公筷

公碗公筷是指两个及以上的人共同进餐时，用以舀取菜肴的勺子、筷子，是就餐者不与嘴接触的分餐工具。使用公勺公筷能避免病原体通过餐具传播，更好地保障自身与同餐者的健康，有利于形成安全用餐、健康用餐、文明用餐的良好风尚。使用公碗公筷时应注意以下事项。

（1）使用完公碗公筷后应放回原位。
（2）用公勺公筷取菜宜适量，不将已夹出的菜肴放回菜盘中。
（3）应取菜盘中靠近自己的菜，不用公勺公筷随意乱翻菜肴。
（4）使用公勺公筷取菜时，应避免菜汁到处洒落。
（5）撤盘或在餐后打包剩余食物时，都应使用公勺公筷。

厉行节约，反对浪费

"谁知盘中餐，粒粒皆辛苦""一粥一饭，当思来之不易；半丝半缕，恒念物力维艰"……中华文化历来反对浪费，提倡节俭。口腹之欲，何穷之有？饮食有节，起居有常，也是惜福延寿之道。

文明用餐公约

用餐时应遵守以下公约。

（1）节俭饮食，减少浪费。

模块 5 宴请礼仪

(2) 合理点餐，讲究营养。
(3) 健康用餐，不劝酒、不醉酒。
(4) 文明用餐，不吸烟、不大声喧哗。
(5) 尊重劳动成果，绿色饮食，健康生活。

（资料来源：中国质量新闻网，作者陆明，有删改）

模块检测

1. 填空题

(1) 请柬的内容应包括邀请人的_____或单位名称，被邀请人的姓名及称呼，宴请的形式、_____、时间，以及出席宴请的着装要求或提示等，必要时还应注明被邀请人的座次号。

(2) 宾客到达后，主人应引导宾客按一定顺序入席。通常，应先引导_____、女宾入席，再引导其他宾客入席。

(3) 在正式的中式宴会中，桌次排列应遵循_____的原则。多张餐桌横向并列摆放时，以面向宴会厅正门的视角为基准，右侧的座位尊于左侧的座位。

(4) 西式宴会的宴请者在安排座次时，通常需遵循_____的原则。在安排家宴时，一般女主人为第一主人，在主位就座；男主人为第二主人，在第二主人的位置就座。在其他西式宴会中，也要遵守女士优先的原则，如让女士先入座等。

(5) 取自助餐时，若人数较多，则必须自觉_____，切忌乱挤、乱抢或插队。取餐时，应使用_____将食物盛入餐盘，而不要直接用自己的餐具取食或用手取食。取餐后应迅速离去，不要在众多食物面前犹豫不决或在取餐时挑挑拣拣等。

2. 判断题

(1) 在中餐礼仪中，用餐期间，不要当众修饰仪容。（ ）
(2) 在西餐礼仪中，一般是右手持叉，左手持刀。（ ）
(3) 为了不浪费粮食，自助餐会上吃不了的食物可以打包带走。（ ）
(4) 用餐期间暂时离席时，可将餐巾挂在椅背上。（ ）

3. 简答题

(1) 简述赴宴人员在赴宴过程中应注意的礼仪规范。
(2) 简述中餐的就餐礼仪。
(3) 简述西餐的就餐礼仪。
(4) 简述自助餐的就餐礼仪。

综合评价

各组配合指导教师完成如表 5-1 所示的考核评价表。

表 5-1　考核评价表

项目名称	评价内容	分值	评价分数		
			自评	互评	师评
知识与技能考核 60%	掌握宴请基本礼仪的重点及应用，能够在实际生活中遵守宴请准备礼仪、宴请流程礼仪和赴宴礼仪	15 分			
	掌握中式宴请礼仪的重点及应用，能够在中式宴请中合理安排桌次和使用中餐餐具，文明就餐	15 分			
	掌握西式宴请礼仪的重点及应用，能够在西式宴请中合理安排座次和摆放、使用西餐餐具，文明就餐	15 分			
	掌握自助餐礼仪的重点及应用，能够在实际生活中合理安排自助餐会和文明享用自助餐	15 分			
素质考核 40%	具有良好的语言表达能力	10 分			
	善于分析、总结与反思	15 分			
	善于理论联系实际，能够将所学知识应用于实际生活中	15 分			
合　计		100 分			
总评	自评（20%）+互评（20%）+师评（60%）=	教师（签名）：			

模块 6

公务礼仪

知节有礼

研讨会上的"明星"

某公司被邀请参加一个研讨会,这次研讨会将有很多商界知名人士及新闻界人士参加。公司总经理特意安排他很器重的助理小杨作为公司代表前去参加。

研讨会当天,小杨睡过了头,等他赶到现场时,研讨会已经进行了20分钟。他急急忙忙地推开会议室大门,不小心碰倒了会议室门口的花盆。花盆倒地发出一声脆响,这让他一下子成了会场上的焦点。刚坐下不久,小杨的手机铃声响起,肃静的会场上播放起了摇篮曲!这次,小杨简直成了研讨会上的"明星"。研讨会结束后,公司总经理就让小杨另谋高就了。

想一想

该公司总经理为什么让小杨另谋高就?参加会议时,我们应遵守哪些礼仪规范?

6.1 办公室礼仪

办公室是现代社会最为典型的工作场所。办公室礼仪是指人们在办公室这个特定的工作场所应遵守的礼仪规范,主要包括办公室环境礼仪、员工个人礼仪和同事关系礼仪。

6.1.1 办公室环境礼仪

1. 公共空间卫生

(1)办公室应干净整洁,窗明几净,空气流通。

(2)不要在办公室内摆放过多的私人用品。但为了美化办公室环境,可摆放少量植物或装饰品。

(3)及时清理办公桌及文件柜。

(4)爱护办公室的桌椅、沙发和茶几等公共物品,保持计算机、复印机和传真机等办公设备的清洁,确保其正常运转。

(5)应将公用的笔、墨水、涂改液、便笺纸、报纸和杂志等办公用品摆放整齐,并根据使用情况及时添加或更换。

模块 6 公务礼仪

2. 个人办公区卫生

要保持个人办公桌位清洁，桌上不要堆满文件或杂物；要将各种文件按照日期或根据内容装订起来，并把不常用的文件放到抽屉或资料柜中；私人物品和其他杂物可以放到自己的储物柜里，抽屉里的东西也要摆放整齐，以方便拿取。

6.1.2 员工个人礼仪

1. 仪表稳重端庄

在社会生活中，人们的仪表只有符合其身份、地位才能被人理解，被人接受。在工作场所，员工的仪表要做到正式、庄重、得体，切不可穿着随意或奇特，更不能打扮得华丽妖艳。

具体而言，员工着装时应做到以下几点。

（1）干净整洁，避免出现肮脏、残破和折皱的情形。

（2）搭配和谐，做到服装色彩少、质地好、款式雅、做工精、搭配准。

（3）庄重大方，文明得体，避免穿着花哨、裸露、透视、短小和紧身的服装。

对办公室的不文明行为说"不"

员工在仪表方面除了要注意着装符合工作环境和身份外，还要讲究个人卫生，做到勤洗头发、勤剪指甲、勤换衣服；应去除身体和口腔异味，少吃葱或蒜等气味较重的食物；应避免使用气味浓烈的化妆品和香水；女士不宜化浓妆。

2. 谈吐礼貌文明

员工在日常工作中，应遵守以下礼仪规范。

（1）出入办公室遇到同事时，应主动与其打招呼。

（2）能够遵守称呼礼仪，用合适的称呼准确、礼貌地称呼同事。

（3）与同事交流时应面带微笑，语气自然亲切。

（4）不要在办公室内大声喧哗，不要和同事谈与工作无关的事情。

（5）其他同事谈话时不要随便插嘴，不能传播小道消息或搬弄是非。

（6）与同事开玩笑时要把握分寸，避免谈及庸俗、低级的话题。

（7）不能随便打听同事的隐私，更不能挖苦同事或对同事恶语相向。

3. 举止大方庄重

员工在举止上要特别注意以下几个方面。

（1）站姿挺拔，坐姿端正，走姿稳重，行为果断，表现出自信、大方、干练的气质和风度。

（2）开门、关门或移动物品时动作要轻微，不要发出太大的声响；进入别人办公室前要轻轻敲门，得到允许后方能入内。

（3）按照单位或工作内容的要求，正确使用相关的动作礼仪（如接待人员的引导手势）。

（4）上班时，不能吃零食、打瞌睡、会朋友、看闲杂书籍、上网玩游戏或随便串岗。

（5）使用办公物品和设备时要小心谨慎，不可随心所欲、乱用乱放。

（6）不要随便翻阅他人文件、书籍等物品，不可随意损坏公用物品。

6.1.3 同事关系礼仪

1．与上级相处的礼仪

1）尊重上级

在职场中，下级要尊重上级，并适应上级的工作方法，以维护上级的威望和自尊。下级与上级相处时，应遵守以下礼仪规范。

（1）遇到上级应主动问候。

（2）上下汽车、进出大门和电梯时应让上级先行。

（3）应经常向上级汇报工作情况，听取上级对自己所做工作的意见和指导。

（4）与上级交谈时应认真倾听，不顶撞上级。若与上级的意见相左，则应在私下与其说明。

2）服从安排

下级应服从上级在工作方面的指示和安排；要及时完成上级布置的工作任务；坚决执行上级的指示和安排。当上级的指示或安排不符合自己的想法时，下级也要按照上级的指示或安排去做。这不仅是工作顺利开展的重要保证，也是作为下级最基本的礼貌。

3）学会体谅

下级应学会体谅上级的难处，不能轻易因为某些要求未得到满足而对上级不满。当上级遇到困难时，下级应想办法为其排忧解难。

4）注意沟通

下级要经常与上级进行沟通，并找机会与上级交换意见，让上级了解自己的想法。只有经常与上级沟通，才能让上级更深入地了解自己的工作进展和工作能力。

5）虚心接受

被上级批评时，下级要虚心接受、坦率认错、及时道歉。即使错误不在自己，也要心平气和地向上级说明情况。

模块 6　公务礼仪

2．与同事相处的礼仪

1）相互尊重

相互尊重是处理好任何一种人际关系的基础，同事关系也不例外，因此要友好平等地与同事相处。对待同事不仅要做到以礼相待，而且要注意不能厚此薄彼。不能在背后议论同事的隐私和损害同事的名誉，不要在上级面前诋毁、攻击同事。

2）关心同事

同事遇到职位变化、工作受阻和挫折不幸时，要及时地给予真诚的关心和帮助，积极地为同事排忧解难。这样可以增进双方之间的感情，使同事关系更加融洽。

3）公平竞争

工作中存在竞争是不争的事实，竞争能促进工作的有效开展。但是切记同事之间要公平竞争，不能在背后耍心眼，贬低别人抬高自己，甚至踩着别人的肩膀往上爬。

4）宽以待人

同事之间相处，误会在所难免。如果是自己的失误，应主动向对方道歉，以获得对方的谅解；当对方误会自己时应主动向对方说明情况，不可小肚鸡肠、耿耿于怀。切忌意气用事使事态复杂化，以致产生严重后果。如果问题比较严重，自己实在无法忍受，可请求上级帮助解决，必要时可诉诸法律，但绝不可因一时冲动而造成不可挽回的后果。

6.2　会议礼仪

会议是指人们为了解决某个共同的问题或出于某种目的聚集在一起进行讨论、交流的活动。会议礼仪是指会议召开前、会议过程中、会议结束后应遵守的礼仪规范，主要包括会议组织礼仪和与会者礼仪。

6.2.1　会议组织礼仪

会议的组织工作是非常复杂的，在会议前的准备、会议中的组织和会议后的收尾阶段都有不同的要求。要想使会议举办得圆满成功，就必须确保会议的每个环节都万无一失。

1．会议前的准备

1）确定会议议题和名称

首先，举办方应提出恰当的会议议题。在此阶段，筹备人员应充分征求各方意见，全面了解需要通过会议解决的事项，并据此列出议题，及时报有关领导审定。然后，根据议题确定会议的名称。例如，某公司以新产品的出现为议题，准备召开信息发布会，并确定会议的名称为"××公司新产品信息发布会"。

2）成立会务组

会议议题和名称一旦确定，就应成立专门的会务组，由其负责落实会议的具体工作事项，如联络责任人、协调各方关系等。大型会议中，通常还应成立秘书组、保卫组、接待组、文娱组等，以便全面筹备会议事务，保证会议井然有序地进行。

 礼仪小贴士

> 根据规模大小或出席人数的多少，会议一般可分为小型会议、中型会议和大型会议。小型会议的出席人数少则几人，多则几十人，一般不超过100人；中型会议的出席人数一般在100人到1 000人之间；大型会议的出席人数一般在1 000人以上。

3）确定与会人员名单

根据会议的内容、性质和任务，科学地确定出与会人员名单。确定名单时，应当剔除一切与会议无关的人员。这样做的目的在于保证整个会议气氛不被搅乱，以便取得理想的会议效果。

4）确定会议地点

根据会议的性质和规模确定会议召开的地点。其中，会议召开地点所在区域应交通便利、气候宜人，会议具体场所应环境幽雅、宽敞明亮。

5）安排会议议程和日程

会议议程是指对会议活动的总体顺序安排。例如，大中型会议的议程一般包括开幕式、领导和来宾致辞、领导做报告、分组讨论、大会发言、参观或其他活动、会议总结、宣读决议、闭幕式。

会议日程是指根据会议议程对各项会议活动所做的日期安排，凡是会期满1天的会议都应制订会议日程。

会议组织者在安排会议议程和日程时，应保证会议中的重要人物有时间出席会议，并尽可能保证其他与会者有时间参与会议。同时，应尽量将重要议题和重要人物的活动安排在前面。

6）拟发会议通知

会议组织者应提前向与会者下发会议通知。会议通知可采取书面、口头、电话、邮件等方式，但大中型会议或比较正式的会议一般应采取书面形式通知。

书面通知应包括：会议名称；会议主题和内容；会期（会议起止时间）及报到时间；会议地点；会议的出席对象；与会要求，即与会者应携带的材料、应支付的费用、应准备的生活用品等；主办单位、联系人姓名及电话等。

发放书面通知时，应当设法保证该通知能及时到达（应至少提前 1 天到达）与会者手中，以便与会者早做准备。

7）准备会议材料

妥善准备会议上所用的各种文件材料，如会议议程和日程、开幕词、闭幕词、主题报告、领导讲话稿、其他发言材料等。有的文件应在与会人员报到时发放，如会议议程和日程。

8）准备会场设备和会议用品

购买或租用各种会场设备，如音像设备、照明设备、通风设备等。同时，应准备相应数量的会议用品，如签到簿、笔、笔记本、文件夹、桌签、饮料、杯子、印有会议标志的纪念品等。

9）布置会场

将会议所需的各种设备和用品摆放到会场的相应位置，并对设备进行调试检查。此外，还应在会场的显眼位置悬挂标语、会标等，并在会场周围设置路标、张贴海报、摆放鲜花、插放彩旗等。

座次的安排要根据会议规模来设置，讲究礼宾次序。

（1）大型会议的座次礼仪。大型会议的与会人数众多，所以会场上通常应分设主席台和群众席。

◇ **主席台的座次**。按照惯例，主席台的座次排列应符合以下规则：以主席台面向群众席的视角为基准，前排尊于后排，中间尊于两侧，右侧尊于左侧。安排好主席台座次后，应按照座次顺序在就座者身前的桌上摆好写有入座者姓名的桌签，以便主席团成员按序入座。主席台的座次排列如图 6-1 所示。

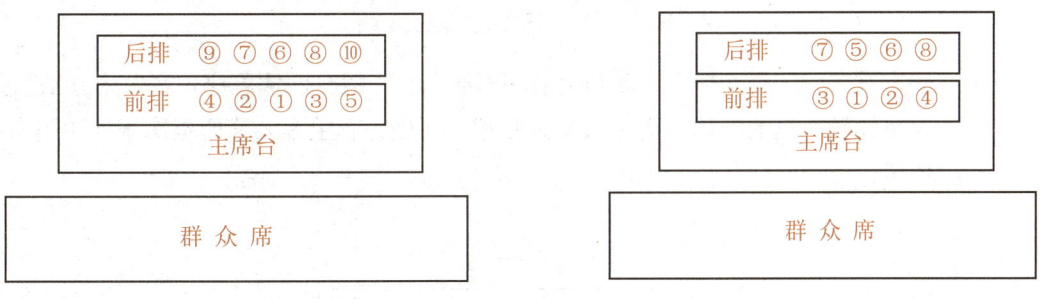

图 6-1　主席台的座次排列

◇ **群众席的座次**。在群众席上就座的与会者可以根据需要自由择座，也可以按照会议主办方指定区域统一就座。常见的群众席的座次排列如图 6-2 所示。通常，横向排列座次时，前排座位尊于后排；纵向排列座次时，中列的座位尊于两侧。

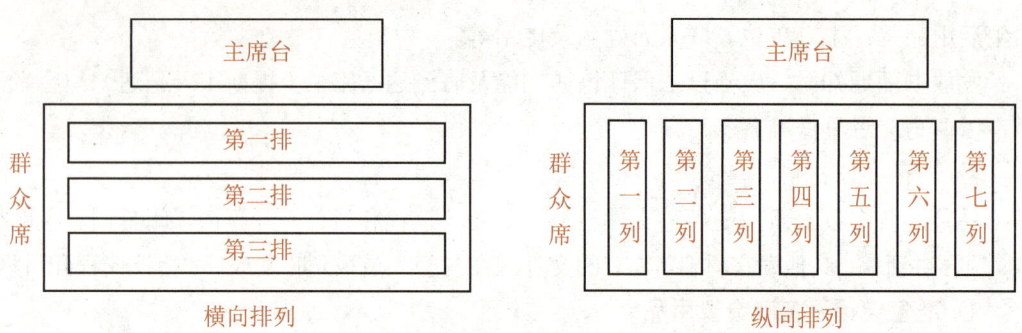

图 6-2 常见的群众席的座次排列

（2）小型会议的座次礼仪。小型会议的与会人数较少，全体与会者通常同桌而坐。会议组织者可采用以下两种方式排列座次。

- **无主客之分的座次排列。** 若与会者中没有客人，且会议桌正对正门时，可直接在面对会议室正门的位置上，按照中间为尊、右边尊于左边的原则安排座次，如图 6-3（a）所示。若会议桌斜对着会议室正门，则可在远离会议室正门的一侧依次设座，如图 6-3（b）所示。

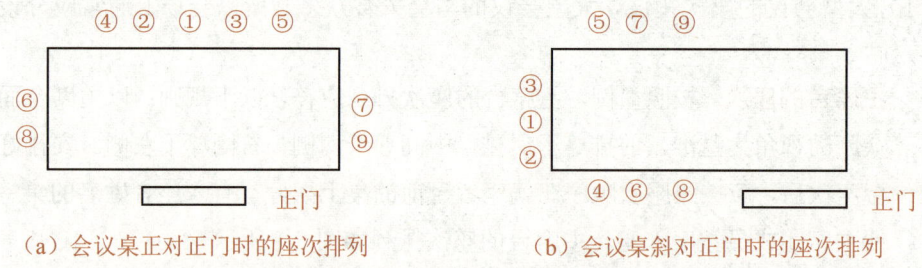

（a）会议桌正对正门时的座次排列　　　　（b）会议桌斜对正门时的座次排列

图 6-3 无主客之分的座次排列

- **有主客之分的座次排列。** 若与会者中有客人，一般分两侧就座，客人一方坐在会议桌比较靠里的一边，而主人一方则相对而坐。有主客之分的座次排列如图 6-4 所示。

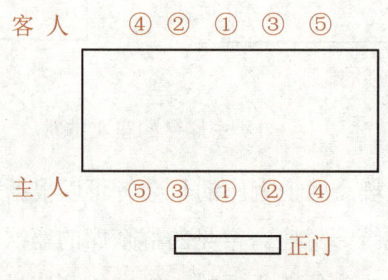

图 6-4 有主客之分的座次排列

2. 会议中的组织

1）做好接待工作

安排专员做好会场内外的接待工作，主要包括迎接、引导和陪同与会者等。

2）组织签到

组织与会者签到，及时、准确地统计到会人数，并据此安排会议工作（有些会议只有在到会人数达到一定数量时才能召开）。

3）做好现场记录

安排专员对会议进行现场记录，具体方式包括手写记录、电脑录入、录音、录像等。可以只采用一种方式记录，也可以采用多种方式交叉记录。采用手写记录或电脑录入的方式记录会议时，应当准确、完整地写明会议名称、会议时间、会议地点、出席人数、讨论事项、发言内容、临时决议、最终表决等内容。

如何做好会议记录

4）做好会间服务

为与会者提供一切力所能及且符合礼仪规范的服务，具体包括为与会者安排工作餐、住宿或文娱活动，以及提供安全保卫、医疗卫生、便民咨询等服务。

3. 会议后的收尾

1）整理会议资料

对会议相关的一切图文、声像材料进行收集、整理，并对相应材料进行汇总、归档、回收或销毁，然后及时形成会议纪要或会议决议。

2）馈赠礼品或组织摄影

对于非公司内部的会议，会议组织者可向与会者赠送具有会议主办方特色的礼品，并可组织与会者摄影留念，以加强业务联系、促进商务往来。

3）协助与会者返程

对于外来的与会者，会议组织者应提供一切力所能及的帮助协助其返程，如为其提供交通工具、替其订购返程机票或车票、帮助其托运行李、安排专人为其送行等。

6.2.2 与会者礼仪

1. 主持人礼仪

会议的主持人一般由具有一定职位的人来担任，其表现对会议能否取得圆满成功有着重要影响。因此，主持人要特别注意以下事项。

1）熟悉议程

主持人在接到主持任务后，要认真了解所主持的会议，弄清会议的目的、主题的发言者及发言题目、用时等相关情况，从而熟悉会议议程，把握会议走向，预测会议效果，并据此设计出主持人的串联词，为主持工作做充分的准备。

2）仪态端正

主持人应衣着整洁、大方庄重，走上主席台时应步态稳健有力、精神饱满。如果站立主持，应双腿并拢、腰背挺直。持稿时，应用右手持稿子的底中部，左手五指并拢自然下垂；双手持稿时，应使稿子与胸齐高。坐着主持时，应坐正挺直，双臂前伸，双手轻按于桌沿。在主持会议的过程中，切忌出现搔头、揉眼、抖腿等不雅动作。

3）言谈得体

主持人在主持会议时，应当口齿清楚、发音准确，并简明扼要地表述会议事项。在会议进行过程中，不可与会场上的人员寒暄、闲谈。

4）控制会场

（1）应按既定的顺序推动会议的进展，不得随意变动议程顺序，同时，应严格把握会议的起止时间，不随意拖延或提前。

（2）引导与会者积极讨论或发言，当讨论、发言的内容偏离会议主题，或讨论、发言的时间超出限定范围时，应当给予礼貌地提醒。

（3）就发言人的发言内容进行提问并做恰如其分的评价，同时对发言人表示礼节性的肯定或感谢。

（4）根据会议性质适当地调节会议气氛（或庄重，或热烈），以实现会议的预期效果。

（5）合理安排会议中间休息的时间，并明确休息的起止时间。

（6）在会议结束前，对会议情况做简单的总结，并宣读会议达成的决议。

（7）会议结束时，对所有为会议提供过帮助的人和单位表示感谢。

2．发言者礼仪

1）发言准备

发言者在发言之前，要做好以下两项准备工作。

（1）准备发言稿。在准备发言稿时，要了解会议的主题、与会者情况等。发言稿要观点明确、中心突出、主张合理、层次清楚、逻辑缜密。

（2）修饰仪表。在发言之前，发言人一定要抽出时间，对个人仪表进行修饰，如头发要梳理整齐，着装要干净、整洁等。

2）发言礼仪

发言者分为正式发言人和自由发言人两种。前者一般是领导报告，后者一般是讨论发言。正式发言人和自由发言人应分别遵守以下礼仪规范。

模块 6　公务礼仪

（1）正式发言人的礼仪规范：上台时，应步态自然，大方自信；上台后，首先应面向群众席，扫视全场，与在座的听众进行目光交流，然后诚恳地向听众鞠躬或点头致意，稍后便可开始发言；发言时，应口齿清晰、发音准确，简明扼要地表述发言内容，若需要看发言稿，应不时抬头扫视会场，切勿旁若无人地低头念稿；发言完毕后，应向听众表达谢意。

（2）自由发言人的礼仪规范：遵守发言秩序，不可争抢发言；发言时，应口齿清晰、观点鲜明、内容简短；与他人有分歧时，应态度平和，以理服人。

无论是正式发言人还是自由发言人，对于主持人或其他与会者就发言内容所进行的提问都应礼貌作答，对于不能回答的问题应礼貌地拒绝并说明理由；对于提问人提出的批评或建议，应认真听取。

3. 会议参加者礼仪

会议参加者应遵守以下礼仪规范。

（1）衣着整洁、仪表大方、按时到会，并按会议主办方安排的座次入座。

（2）保持会场安静，在会议开始前应关闭手机或将手机调为静音模式，不在会议开始后拨打或接听手机，不大声喧哗，不交头接耳等。

（3）保持仪态得体，切勿做出不雅行为，如打哈欠、伸懒腰、打瞌睡、掏耳挖鼻、挠头打嗝等。

（4）会议进行时，不要随意走动或出入。若确实需要暂离座位，则应轻手轻脚地进行，以减少对发言者和其他与会者的影响；若需要长时间离席或提前退场，则应向会议主办方说明理由并表示歉意，在征得对方同意后方可离开。

（5）他人发言时，应认真倾听，并记下与自己工作相关的内容。

（6）当他人发言结束时，应向发言者致以热烈的掌声，以表赞赏和感谢。

6.3　仪式礼仪

仪式是指在特定场合举行的、具有专门程序的、规范化的活动。常见的仪式包括签字仪式、开业仪式和剪彩仪式。

6.3.1　签字仪式礼仪

签字仪式是指业务双方或多方经过会谈、协商，形成某项协议或文本，由各方代表在有关协议或文本上签字并交还相关文本的仪式。签字仪式礼仪是指各方人员在举行签字仪式时应遵守的礼仪程序和规范。

1. 签字仪式的准备

1）准备待签文本

在谈判或洽谈结束后，签约各方应指定专人按照达成的协议，做好待签文本的定稿、翻译、校对、印刷、装订、盖章等一系列工作。文本一旦签字就具有法律效力，因此，待签文本的准备一定要严谨、慎重。待签文本应用白纸印刷并装订成册，再配以封皮，以示郑重。

在准备过程中，签约各方要共同审定待签文本中的各项具体条款及其表述，并核对与待签文本相关的附件、批文、证明等材料的真实性、完整性和准确性，最终使待签文本定稿。若对待签文本存在争议，则各方应再次谈判或商议，直到达成一致意见。有几方签字，就要准备几份待签文本，并为各方提供一份副本。

签署涉外文本时，通常按照国际惯例确定文本的语言文字，具体情况有如下两种。

（1）需要双边签约的文本应同时使用双方法定的语言文字撰写，必要时还可以使用国际通行的第三方文字，如英文、法文等。

（2）需要多边签约的文本应使用经各方协商确定的语言文字撰写。

2）确定出席人员

在举行签字仪式之前，签约各方应预先确定好各自参加签字仪式的人员，并相互告知。尤其是出席签字仪式的客方，要先将己方的出席人员名单提前告知主办方，以便主办方安排。

通常，签约各方应预先确定的人员包括主签人、助签人和陪同人员。

（1）主签人。主签人是签字仪式上的主要角色，可由各方参与谈判或洽谈的主谈人担任，也可由各方更高级别的领导人担任。需要注意的是，双方主签人的身份应大体相当。

（2）助签人。助签人是指在签字仪式过程中帮助主签人翻揭待签文本、指明签字之处的人。助签人必须了解签约各方的谈判或洽谈过程，清楚待签文本的整理、起草和制作情况，且非常熟悉助签业务。

（3）陪同人员。出席签字仪式的陪同人员主要是参加谈判或洽谈的全体人员，双方人数以相等为宜。

3）选择签字场地

签字场地即正式举行签字仪式的场地，通常应根据参加签字仪式的人员人数和文本内容的重要程度来确定。签字场地可以选在庄重严肃、宽敞明亮的专用签字大厅进行，也可以选在客方所住的宾馆或主办方的会客厅进行。签字场地的选择应当由签约各方共同协商确定，任何一方自行确定后再通知其他各方的行为都属于失礼行为。

4）布置签字厅

签字厅的布置通常由主办方负责操办。布置签字厅的总体原则是庄重、整洁。一般在签字厅内设置一张长方形桌作为签字桌，桌面上铺深色台呢，并摆放好待签文本、签字笔等。签署双边文本时，桌后并列摆放两把椅子，以供双方主签人就座。签署多边文本时，一般摆放一把椅子，各方主签人轮流就座，也可以为各方主签人各提供一把椅子。

2. 签字仪式的座次礼仪

签字仪式的座次一般由主办方安排。安排时，应注意以右为尊，即将客方主签人安排在签字桌右侧就座（以室内面向正门的视角为基准），主办方主签人在左侧就座，各自的助签人在其外侧助签，双方的陪同人员分别站在己方主签人的座位后面，并按照职位高低，由中间向两侧依次排开。

签字仪式的座次安排如图 6-5 所示。

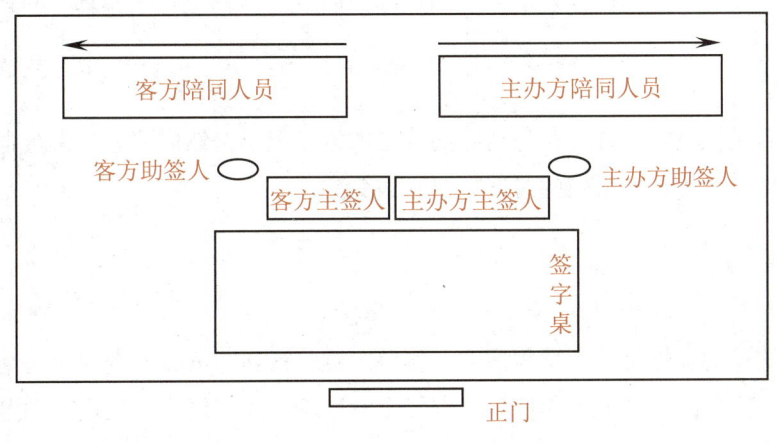

图 6-5　签字仪式的座次安排

3. 签字仪式的基本程序

1）仪式开始

签约各方的全体出席人员进入签字厅，按照顺序在指定的座位入座。

2）签署文本

开始签字时，应先由双方主签人在己方保存的文本上签字，然后由双方助签人合上文本，并在主签人的身后相互交换文本，最后由双方主签人分别在对方保存的文本上签字。

3）交换文本

各方主签人起立，相互交换文本并握手致意（见图 6-6）。此时，全场出席人员应热烈地鼓掌，以表祝贺。

图 6-6　交换文本并握手致意

4）举杯庆贺

签约各方的相关人员，尤其是各方主签人应接过一杯由礼宾小姐端上来的酒，与他方的主签人及相关人员一一碰杯并当场饮用，然后高举（以齐于眼部为宜）酒杯示意，相互道贺。

5）退场

签字仪式结束后，主办方应先请签约各方的领导退场，然后请客方人员退场，最后主办方人员退场。整个仪式所用的时间以半小时为宜。

6.3.2　开业仪式礼仪

开业仪式是商业性组织为庆祝成立或开张，精心策划并按照一定程序而举行的一种庆祝仪式活动，其目的是传播企业信息，宣传企业形象。开业仪式礼仪是在举办和参加开业仪式的过程中应遵守的礼仪规范。

1. 开业仪式的准备

1）舆论宣传

在开业仪式正式举行前，开业单位应向社会各界宣传开业仪式的举办时间、举办地点、企业的经营范围和特色、开业之际对顾客的优惠情况等，以吸引社会各界人士的关注，争取被认可和接受。

舆论宣传的方式主要有以下几种。

（1）在单位建筑物周围设置醒目的广告语、宣传画等进行宣传。

（2）向公众散发广告单进行宣传。

（3）利用报纸、杂志、广播、电视及网络等媒介进行宣传。

模块6　公务礼仪

2）来宾邀请

开业仪式影响力的大小实际上取决于来宾身份的高低和数量的多少。因此，开业单位应在力所能及的情况下，力争多邀请一些来宾参加仪式。

（1）邀请的人员。主办方应根据实际情况，邀请上级主管部门领导、地方职能管理部门领导、合作单位领导、同行业单位领导、社会团体负责人、社会知名人士、媒体人员等参加开业仪式。

（2）邀请的方式。邀请来宾时，可以采取电话、传真、发邀请函等方式进行。为了表明诚意与尊重，通常应采取发邀请函的方式进行，对于贵宾，应派专人将邀请函送到被邀请者手中。

（3）邀请的时间。邀请工作应至少提前一周完成，以便被邀请者早做安排。

 礼仪小贴士

> 邀请函
>
> ××先生（女士）：
> 　　兹定于×月×日（星期×）×时在××处举行××开业仪式。
> 敬请光临，谢谢。
>
> 　　　　　　　　　　　　　　　　　　　　　　　　　××公司
> 　　　　　　　　　　　　　　　　　　　　　　　　　××××年×月×日

3）接待服务

在举行开业仪式的现场，一定要有专人负责来宾的接待服务工作。主办单位的工作人员除了要热情待客、主动帮助之外，更重要的是明确分工，各尽其职。

此外，主办单位要为来宾准备好专用的停车场、休息室和饮食等。在接待贵宾时，需由主办单位的负责人出面；在接待其他来宾时，可由主办单位的其他相关工作人员负责。

4）场地布置

开业仪式多在开业现场举行，可以是正门之外的广场，也可以是正门之内的大厅。按照惯例，举行开业仪式时，全体人员一律站立，所以一般不设主席台。为体现隆重和对来宾的敬意，可在来宾尤其是贵宾站立之处铺设红地毯，并在场地四周悬挂横幅、气球、彩带等物。

此外，还应当在醒目处摆放来宾赠送的牌匾、花篮等；来宾的签到簿、单位的宣传材料、待客的饮料等也应提前备好；应事先检查、调试音响、照明设备及其他用具，以防出现差错。

5）礼品准备

仪式举行前，应事先准备一些礼品，以便赠给届时参加仪式的来宾。所赠礼品应突出宣传性、价值性和实用性。

（1）宣传性：礼品应具有开业单位的鲜明特色。通常，可采取在礼品及其包装上印刷开业单位的标志、产品图案、广告语等方式来增加礼品的宣传性。

（2）价值性：礼品应具有纪念意义，能使受赠者对其倍加珍惜。

（3）实用性：礼品应具有实际使用价值，能为受赠者带来生活或工作上的便利。

6）程序拟定

为使开业仪式顺利进行，在筹备之时，必须要认真拟定具体的程序，并选定称职的仪式主持人。拟定开业仪式程序应坚持以下两条原则。

（1）时间宜短不宜长。一般来说，应以1个小时左右为宜。

（2）程序宜少不宜多。

 礼仪小贴士

> **××大酒店开业仪式方案**
>
> 庆典时间：××××年×月×日上午（或下午）×点。
>
> 地点：××大酒店。
>
> 名称：××大酒店开业庆典。
>
> 简介：××大酒店于×月×日在酒店所在地隆重举行开业仪式，届时会有单位领导、商业人士及新闻媒体工作者出席。开业仪式结束后，我们将邀请来宾参观酒店，使大家了解酒店在饮食、娱乐、住宿等方面的配套设施、服务功能和服务特色。同时，酒店准备了丰盛的午宴款待各位来宾，届时请各位尽情享用。
>
> 具体时间安排如下。
>
> 9:00—9:30——礼仪小姐迎宾。
>
> 9:30—9:40——主持人宣布开业仪式正式开始，首先介绍主办方活动宗旨，接下来介绍与会来宾。
>
> 9:40—9:45——主持人邀请酒店负责人上台致辞。
>
> 9:45—9:50——主持人邀请相关领导上台致辞。
>
> 9:50—10:10——主持人邀请来宾剪彩。
>
> 10:10—11:00——主持人宣布剪彩仪式结束，邀请来宾参观酒店。
>
> 11:00—12:30——在酒店内设宴，请来宾共进午餐。

2．开业仪式的程序

1）迎宾

礼仪小姐应在会场门口迎接来宾，待来宾签到后，引导来宾就座。

2）典礼开始

主持人宣布开业仪式正式开始，全体起立，奏乐，宣读重要来宾名单。

3）致贺词

由上级主管部门领导或来宾代表致贺词，主要表达对开业单位的祝贺。

4）致答谢词

由本单位负责人致答谢词，其主要内容是向来宾及祝贺单位表示感谢，并简要介绍本单位的经营特色和经营目标等。

5）揭幕和剪彩

揭幕是指将盖在牌匾或纪念碑上的幕布揭开的仪式。揭幕人一般由本单位负责人、上级主管部门领导或其他贵宾担任。揭幕时，揭幕人应走到幕布前，双手接过幕布彩索，目视幕布，然后双手拉启彩索，使被幕布盖住的牌匾或纪念碑显露出来，如图6-7所示。揭幕后，在场人员应鼓掌，同时奏乐。

图6-7　揭幕

剪彩是指在仪式上剪断彩带。剪彩前，单位应确定剪彩者名单并尽早告知对方，使其有所准备。剪彩时，礼仪人员应拉好彩带，端好托盘，剪彩者应用剪刀将彩带剪开，如图6-8所示。

图6-8　剪彩

6）参观

如有必要，可以引导来宾参观，向其介绍本单位的主要设施、特色商品及经营策略等。

7）迎接首批顾客

可以采取让利销售或赠送纪念品的方式吸引顾客，也可以让一些有代表性的顾客参加座谈，并虚心听取顾客的意见，以拉近与他们的距离。

以上程序可视具体情况有所增减，无须生搬硬套。总之，开业仪式的整个过程要紧凑、简洁高效，避免时间过长、内容杂乱，使来宾不快。

6.3.3 剪彩仪式礼仪

1. 剪彩准备

1）确定剪彩人员

剪彩仪式举行前，举办单位应认真选择并确定剪彩人员，主要包括剪彩者和助剪者。

（1）剪彩者。剪彩者即剪彩仪式上持剪刀剪彩的人，其身份地位的高低与剪彩仪式档次的高低有着密切联系。他们通常由举办单位的上级领导、合作伙伴、社会知名人士、员工代表或客户代表担任。

根据惯例，剪彩者可以是1人，也可以是数人，但一般不多于5人。在确定剪彩者时，必须尊重被邀请人的意见，切勿勉强；若需邀请数人担任剪彩者，则还应分别告知每位剪彩者届时他将与何人同担此任，否则是有失礼仪的。

必要时，可在剪彩仪式举行前，将剪彩者集中在一起，告知其有关注意事项并稍加排练。

（2）助剪者。助剪者即在剪彩仪式上为来宾和剪彩者提供服务的礼仪人员，具体又可分为迎宾者、引导者、拉彩者、捧花者和托盘者。其中，迎宾者负责在仪式现场迎送宾客；引导者负责在剪彩时带领剪彩者登场或退场；拉彩者负责在剪彩时展开或拉直红色缎带；捧花者负责在剪彩时于托花团；托盘者负责为剪彩者提供剪刀、手套等剪彩用品。

一般情况下，迎宾者为数人；引导者为1人；捧花者的人数与花团的个数一致；拉彩者通常由捧花者兼任；托盘者可为1人，也可与剪彩者的人数一致。

2）准备剪彩用具

剪彩用具是指剪彩仪式上所需使用的特殊用具，具体包括红色缎带、新剪刀、白色薄纱手套、托盘和红色地毯。

（1）红色缎带。红色缎带（见图6-9）即剪彩仪式中的"彩"。按照传统的做法，红色缎带应由一整匹未曾使用过的绸缎，在中间结成数朵花团而成或为一条长度为2米左右的细窄绸缎。

模块 6　公务礼仪

图 6-9　红色缎带

（2）新剪刀。新剪刀是剪彩者正式剪彩时所用的剪刀。它必须崭新、锋利且顺手，并在剪彩前置于盖着红布的托盘中，其数量应与剪彩者的人数一致。仪式举办单位在准备新剪刀时一定要逐一检查剪刀是否开刃及好不好用，以免剪彩者届时不能一次成功地剪断红色缎带。

 礼仪故事屋

永远要多准备一把剪刀

某大酒店准备举办开业庆典，一位受邀为酒店开业剪彩的领导因为要到外地开会不能参加剪彩活动。酒店负责人为了表示对该领导的尊重，再三邀请其来参加剪彩。后来，该领导的会议因故取消了，他在剪彩仪式开始前两分钟赶到了现场。然而，筹备剪彩工具的人员没有给他准备剪刀。当剪彩人员上场时，一位有经验的礼仪人员从自己的工作袋里拿出一把备用剪刀，问题得以解决。

（3）白色手套。最好为每位剪彩者准备一副白色薄纱手套（见图 6-10）。该手套应崭新平整、洁白无瑕、大小合适。

（4）托盘。托盘是托在礼仪小姐手中，用于盛放新剪刀和白色薄纱手套的盘子。该托盘通常为崭新、洁净的银色不锈钢制品，如图 6-11 所示。在使用时可铺上红色绒布或绸布，以示庄重。

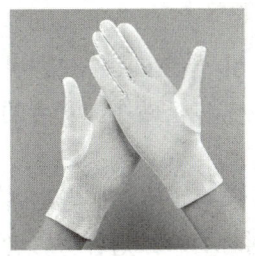

图 6-10　白色手套

图 6-11　托盘

（5）红色地毯。为了营造喜庆的气氛、提升剪彩仪式的档次，可以在剪彩现场铺设红色地毯。红色地毯应铺设在剪彩者正式剪彩时所站立之处，其宽度应在1米以上，长度可视剪彩者人数而定。

2. 剪彩程序

剪彩既可以是开业仪式中的一项具体程序，也可以独立出来，由其自身的一系列程序所组成。

独立的剪彩仪式，通常应包含以下几项程序。

（1）入场、奏乐，请来宾就座。

（2）主持人宣布仪式正式开始，全体到场者热烈鼓掌。主持人宣读主要来宾名单。

（3）发言。通常，发言者的发言顺序依次为举办单位的代表、上级主管部门的代表、合作单位的代表等。

（4）剪彩开始。在剪彩前，主持人应向全体到场者介绍剪彩者。剪彩时，全体到场者应热烈鼓掌，必要时还可奏乐。

（5）参观。剪彩之后，举办单位负责人应陪同来宾参观，并详细介绍情况。仪式至此宣告结束。随后，举办单位可向来宾赠送纪念品，并可设宴款待来宾。

3. 剪彩人员的礼仪

（1）当主持人宣布开始剪彩之后，助剪的捧花者和托盘者应率先登场。登场时，助剪人员通常应排成一行从仪式台的右侧（以全体到场者面向仪式台的视角为基准）进场。登场后，捧花者均双手捧1朵花团站成一排面向全体到场者，托盘者则站在捧花者身后约1米处，并自成一排。捧花者和托盘者的站立位置如图6-12所示。

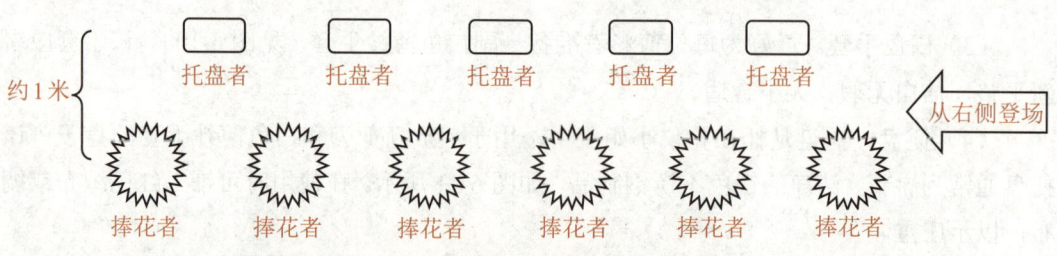

图6-12 捧花者和托盘者的站立位置

（2）剪彩者应列队从右侧出场，主剪者走在前面，引导者在其左前方引导，使剪彩者各就各位。当剪彩者到达既定的位置后，托盘者应上前一步，站在剪彩者的右后侧，为他们递上剪刀、手套，剪彩者应含笑道谢。

（3）开始剪彩时，剪彩者应首先向拉彩者、捧花者示意，待主剪者准备好后，剪彩者右手持剪刀，庄重地将红色缎带一刀剪断。若有多人同时剪彩，则各剪彩者应留意其他剪彩者的动作，以使彼此的剪彩动作协调一致。

模块 6　公务礼仪

（4）剪彩后，剪彩者应将剪刀和手套放回托盘，并举手鼓掌。之后，应依次与举办单位负责人握手道喜，并在引导者的引导下从右侧（以全体到场者面向仪式台的视角为基准）退场。

6.4　求职礼仪

在竞争无处不在的现代社会，职场就是战场。作为一名求职者，要想从众多的求职者中脱颖而出，除了具备招聘岗位所要求的各项专业条件外，还有必要了解和掌握求职面试中的基本礼仪。

6.4.1　求职准备礼仪

1. 形象准备

求职者的外在形象是给面试官的第一印象。着装得体、仪容整洁能给人留下大方、精干的好印象；反之，不修边幅、蓬头垢面则会给人以懒散、不求上进的感觉。所以，在面试前必须做好形象方面的准备。

女士在面试时，其着装应简洁、大方、得体，职业套装是最合适的选择。同时，应化淡妆，以示尊重。男士在面试时，最好穿着正式的西装，夏季可穿长袖衬衫，最好不要穿短袖衬衫或休闲衬衫。同时，应保持头发整洁、面部清洁，确保面部无胡茬。

2. 资料准备

1）信息资料

求职者在求职前首先要了解招聘单位的单位性质、发展规模、经营项目、产品信誉、工作条件及福利待遇等；其次要弄清楚招聘单位的用人需求、招聘职位信息及应聘资格等。

 礼仪故事屋

> **没有想到的一个问题**
>
> 小李想竞聘某知名企业的市场部经理，他早早地做好了面试准备。无论是求职信、个人简历，还是自己的着装，他都请教过很多人，可以说是很完美。而且，他事先也做了充分的心理调适，所以心态上也很放松。

面试的时候，小李发挥得非常出色，他从主考官的表情看出，主考官对他很满意。40 分钟的面试就要接近尾声了，突然，主考官问小李："我看您事先做了很充分的准备，说明您对我们单位和这份工作很重视。那您知道我们单位是哪一年成立的吗？""哪一年成立的？"小李一下子蒙了。半晌，小李一脸尴尬地说："对不起，这一点我没来得及关注……"主考官听了他的回答后，直接结束了面试。小李出来后，懊悔不已。

2）个人简历

简历是求职的"敲门砖"，对于求职者的重要性是不言而喻的。其格式设计虽然各不相同，但其内容一般都应包括个人的基本情况、学历情况、工作经历、应聘的职位及所希望的待遇等。

对于用人单位来说，一个招聘职位可能会吸引上百人甚至上千人投递简历，若想让招聘单位在众多简历中眷顾自己的简历，则需要求职者在写简历时运用一些技巧。

（1）简历的内容应简明扼要。当招聘单位面对上千份简历时，不可能对所有的简历都进行仔细阅读。对此，求职者应确保简历的内容简洁、明了，以便让招聘单位快速浏览。

（2）简历应突出个人经历。招聘单位最关心的便是求职者的经历，并以此了解求职者的学历、工作经验、相关能力和发展潜力等。因此，求职者在写简历的时候，应重点写学习经历和工作经历。学习经历包括学校经历和培训经历，工作经历包括自己工作过的单位和所从事的主要工作。若自己的经历比较丰富，且不便一一列出，则可以把近期的经历或重要的经历写得详细些。

（3）简历应突出与招聘要求有关的个人能力。招聘单位关注的重点是求职者能否胜任所应聘职位的相关工作。所以，求职者应当围绕所应聘职位的招聘要求来展示自己的经历和个人能力。

3）证件资料

求职前，求职者应准备相关的证件资料，主要包括身份证、在校期间的成绩单、英语和计算机等级证书、职业资格证书、学历证书、各种荣誉证书等。

6.4.2　求职面试礼仪

1. 面试前的礼仪

1）提前到达

面试时应守时，不能迟到，也不能过早地到达，一般以提前 10～15 分钟到达面试地点为最佳。

2）学会等候

到达招聘单位后，若有前台接待，则应直接说明来意，经其指引到指定区域等候；若无前台接待,则可找工作人员说明来意。在询问他人或与他人交谈时,应使用"您好""请问""谢谢"等礼貌用语。

3)举止文明

进入面试房间时,应先敲两下门,待面试官说"请进"后方可进入。进入面试房间后应向面试官行鞠躬礼,并向其问好,然后转过身轻轻地将房门关上。进去后,不能随便落座,应待面试官说"请坐"后才能入座,且应坐在面试官指定的座位上。

2. 面试中的礼仪

1)注重仪态

(1)坐姿。入座时不能坐满整个椅面,否则显得太随意;也不能坐在椅子边沿上,否则显得太过拘谨。正确的做法是坐满椅子的 2/3,上身自然挺直并略向前倾,双脚、双膝并拢,双手自然放于腿上,切忌抖腿、跷二郎腿等。

(2)眼神。合适的眼神可以展示自信,也可以表达对面试官的尊重。与面试官交谈时,应自然地注视面试官,且最好将目光集中在对方的眼睛与鼻子之间的三角区,切勿长时间直视对方的眼睛或避免与对方有眼神接触。

(3)笑容。微笑是最美的语言。面试过程中应保持自然的微笑(见图6-13),这样既能够适当地消除紧张感,又能够展现自己的自信,提升自己的外部形象,还能够增进沟通,拉近自己与面试官的距离。

图 6-13　保持自然的微笑

2)谈吐文雅

面试官一般比较欣赏谈吐优雅、表达清晰、逻辑性强的求职者。因此在与面试官交谈时应语言简洁、吐词清楚、条理清晰。同时,应多用敬语,如提到面试官时要用"您",提到求职的单位时要用"贵单位"等。

在面试过程中,求职者可以根据实际情况谈自己的看法,但不要与面试官争执,不要抢话头,不要连珠炮式发问,不要乱开玩笑。

3）注意聆听

聆听是有礼貌、有修养的表现，若随意打断面试官的讲话或抢着发言，则可能给面试官留下急躁、不够稳重的印象。在面试过程中，求职者一定要仔细聆听面试官的讲话并适时以"嗯""对""是的""我想是的""我非常同意您的观点"等话语予以回应，以给面试官留下良好的印象。

 礼仪故事屋

你认真听了吗？

毕业生王某到一家杂志社去求职，他一路过关斩将，终于到了最后的面试环节。面试快结束时，面试官面带微笑地表达了对王某的欣赏之情。王某非常开心，沉浸在自己将要被录用的兴奋中。突然，面试官问王某有何感想，王某回过神来，回答说："您说得太好了！"面试官一听，顿时失去了笑容，盯了他好一会儿，最后冷冷地说："太好了？我刚才说我之前摔伤了腿，现在经常腿疼！"

4）适时告辞

面试结束时，面试官可能会用"感谢你来面谈"等语言来结束谈话，或者以起身的方式示意面试结束。这时，求职者应立即结束话题，及时起身站好并与面试官握手，以表示感谢。即使感觉到自己被录用的概率很小，也应礼貌地表达谢意，而不应继续推销自己或为自己申辩。离开面试房间时，应将座椅放回原来的位置，主动向面试官致谢并道别，然后从容地走出房间并轻轻地关上门。

3. 面试后的礼仪

招聘程序并不是在面试结束后就立即终止，招聘单位可能还会安排其他测试，之后再进行综合评估。因此，求职者应重视面试之后的礼仪，有意识地与招聘单位保持联系，以加深招聘单位对自己的印象，提高被录用的概率。

具体而言，求职者可以在面试之后给面试官发一封感谢信，也可以通过打电话或发邮件的方式主动询问面试结果。询问面试结果时，应表达自己对目标职位的热切向往；若被告知自己被淘汰了，则应礼貌地询问自己的不足之处，以免今后重蹈覆辙。需要注意的是，无论采取哪种方式与招聘单位联系，都需要表明自己的良好态度，切勿追问得过急或纠缠不休。

模块 6 公务礼仪

文明守礼润人心

白花凌空绽放，银练寄托追思

9月30日是我国烈士纪念日。为缅怀革命先烈、弘扬英雄精神，参加中国航展的空军"八一"飞行表演队和空军航空大学"红鹰"表演队，分别驾驶歼10、教8表演机，以低空通场和拉白色烟带的空中礼仪，向英烈们致敬。

珠海上空，万里无云。"八一"飞行表演队率先出场。伴随着发动机的轰鸣，6架歼10在空中完成队形变换，以大箭形编队直奔苍穹。转眼间，6架歼10喷吐着白色的烟雾，时而向下开花，组成一朵白色的牵牛花悬挂在天际；时而天女散花，组成朵朵白色的小花凌空绽放。这白色的小花是一种思念，寄托着空军官兵对革命先烈的敬仰和追思；这白色的牵牛花更像是一支号角，承载着空军官兵赓续英雄血脉的凌云壮志。"八一"飞行表演队在烈士纪念日采用这种表演方式，向为国捐躯的英烈忠魂致敬。

航展观礼台前，空军航空大学"红鹰"表演队驾驶8架教8从机场跑道一端低空呼啸而来，以低空通场的空中最高礼节掠过观礼台。同时，8道白色的烟带喷吐而出，那道道白色的烟带仿佛为烈士敬献花篮的缎带，寄托着空军将士对烈士的追思。走下战机，空军航空大学"红鹰"表演队队长张立斌介绍，用白色烟带进行飞行表演，既营造出庄严肃穆的节日氛围，又体现了震撼的飞行效果，展现了空军官兵捍卫国家领空安全的坚定信心。

（资料来源：杭州新闻网，有删改）

模块检测

1. 填空题

（1）_____是处理好任何一种人际关系的基础，同事关系也不例外，因此要友好平等地与同事相处。对待同事不仅要做到以礼相待，而且要注意不能厚此薄彼。不能在背后议论同事的_____和损害同事的名誉，不要在上级面前诋毁、攻击同事。

（2）_____是指人们为了解决某个共同的问题或出于某种目的聚集在一起进行讨论、交流的活动。_____礼仪是指会议召开前、会议过程中、会议结束后应遵守的礼仪规范，主要包括_____和_____。

（3）发言者在发言之前，要做好以下两项准备工作：_____和_____。

（4）_____是指在签字仪式过程中帮助主签人翻揭待签文本、指明签字之处的人。其必须了解签约各方的谈判或洽谈过程，清楚待签文本的整理、起草和制作情况，且非常熟悉助签业务。

（5）求职者在写简历的时候，应重点写_____和_____。

2．判断题

（1）需要双边签约的文本应同时使用双方法定的语言文字撰写，必要时还可以使用国际通行的第三方文字，如英文、法文等。（   ）

（2）可以在办公室内摆放私人用品，但不可摆放植物或装饰品。（   ）

（3）剪彩者应该列队从左侧出场。（   ）

（4）即使感觉到自己被录用的概率很小，求职者也应礼貌地表达谢意，而不应继续推销自己或为自己申辩。（   ）

3．简答题

（1）员工在工作时应遵守哪些礼仪？

（2）会议主持人应遵守哪些礼仪规范？

（3）简述开业仪式的程序。

（4）制作个人简历的技巧有哪些？

综合评价

各组配合指导教师完成如表 6-1 所示的考核评价表。

表 6-1 考核评价表

项目名称	评价内容	分值	评价分数		
			自评	互评	师评
知识与技能考核 60%	掌握办公室礼仪的重点及应用，能够在实际生活中尊重、服从上级安排，礼貌地与同事相处	15 分			
	掌握会议礼仪的重点及应用，能够在实际生活中做好会议前的准备、会议中的组织和会议后的收尾工作	15 分			
	掌握仪式礼仪的重点及应用，能够在实际生活中遵守签字仪式礼仪、开业仪式礼仪和剪彩仪式礼仪	15 分			
	掌握求职礼仪的重点及应用，能够在实际生活中做好求职准备，从容地参加求职面试	15 分			

表6-1（续）

项目名称	评价内容	分值	评价分数		
			自评	互评	师评
素质考核 40%	具有良好的语言表达能力	10分			
	善于分析、总结与反思	15分			
	善于理论联系实际，能够将所学知识应用于实际生活中	15分			
合　计			100分		
总评	自评（20%）+互评（20%）+师评（60%）=		教师（签名）：		

模块 7

公共场所礼仪

知节有礼

"霸座"不可取，文明靠大家

假期期间，楚先生夫妇乘坐 K8094 次列车出行，上车后根据购票信息找寻座位时，发现自己的座位已被别人占据。见状，楚先生便表示希望与座位上的彭某核对车票，却被彭某一口回绝。与彭某争论了一番后，楚先生无奈向列车工作人员和乘警寻求帮助。值乘此趟列车的乘警和列车长赶来劝阻彭某的"霸座"行为。

"我就坐在这里，我就不动，你把我弄到派出所里去。"面对车厢众多旅客的围观，彭某拒不听从，态度蛮横，一度造成车厢秩序混乱。列车抵达武昌站后，彭某被武昌车站派出所依法口头传唤进行调查。

据彭某交代，他当时"霸座"就是与楚先生赌气，因楚先生一见面就索要车票而心生不快，于是故意不让出座位。

想一想

楚先生和彭某的行为各有哪些不当之处？在日常生活中，乘坐公共交通工具时应遵守哪些礼仪规范？

7.1 特定公共场所的基本礼仪

7.1.1 医院礼仪

医院是一个特殊的公共场所。人们去医院看病时，要遵守就诊礼仪；去看望病人时，则应遵守探病礼仪。

1. 就诊礼仪

1) 遵守规定

去医院就诊时，要自觉遵守医院的规定，如不在医院内吸烟，不随地吐痰，不乱丢垃圾，不高声喊叫、哭闹，不争抢插队，按次序就诊等。

模块 7　公共场所礼仪

2）自觉回避
如果患感冒或其他流行性传染病，那么就诊时要自觉戴上口罩，打喷嚏或咳嗽时也要回避他人。

3）切勿围观
当他人在接受诊治时，应不围观、不窥视、不探听，以免干扰医生诊治，而且别人的病情也属于个人隐私，应当尊重。

4）尊重医生
如果对医生的诊断有疑问，则可以礼貌地向医生提问。如果认为医生对疾病做了不当处理，则应认真询问处理依据，不可纠集亲友聚众闹事。

2. 探病礼仪

1）时机恰当
探望病人时应确定合适的时间，在医院允许的探视时间内进行。不要在病人刚住进医院或刚做完手术时去探望，以免影响病人的治疗和休息。

2）礼品合适
探望病人时，可根据病人所患疾病及病情，携带合适的礼品，如一束香味淡雅的鲜花或一些适合病人食用的水果、营养品等。

3）话题轻松
去医院探望病人时，表情宜轻松、自然、乐观，神态不要过于沉重，更不要在病人面前落泪，以免给病人造成精神压力。

见到病人后，可以先问候一句"今天好些了吧？"或"今天精神好多了吧？"，然后再询问病人的病情和治疗情况。与病人交谈时应轻声细语，说些宽慰与鼓励的话，使病人增加战胜疾病的勇气。

4）适时告辞
探病者在病房逗留的时间不可太长，一般以 10 分钟为宜，时间过长会影响病人休息。告辞时，应该询问病人是否有什么需要帮助办理的事情，并嘱咐病人安心休养。

7.1.2　宾馆礼仪

1. 提前预约

入住宾馆前，最好提前预约。这样既方便自己，又便于宾馆的管理。

2. 按规定登记入住

进入宾馆大堂后，应先到前台登记，办理入住手续，如图 7-1 所示。这时，要主动出示身份证等有效证件，积极配合宾馆工作人员并提供相关信息（包括预约信息），等办理好所有手续后方可入住。如果随身携带了大量的行李，宾馆服务人员通常会帮忙搬运行李，此时应礼貌地向他们表示感谢。

图7-1　办理入住手续

3．保持客房卫生

在宾馆住宿时，良好的个人卫生习惯十分重要。虽然打扫房间是宾馆服务人员的工作，但也不能理所当然地乱丢乱放、不注意卫生，更不能随地吐痰、在墙上乱涂乱画。垃圾要扔到垃圾桶里，东西也要摆放整齐。

4．礼待服务人员

在与宾馆服务人员相处时，应平等地对待他们，尊重他们。出入宾馆时，若服务人员为自己开启大门，或向自己问好，则应予以回应或表示感谢。搭乘有人服务的电梯时，应清晰地报出自己要去的楼层，并向服务人员致谢。当服务人员需要进入客房打扫卫生时，应表示欢迎，并且道谢；如果不方便其进入，则可事先在门外把手上悬挂"请勿打扰"告示牌（见图7-2），或开启"请勿打扰"指示灯。

图7-2　悬挂"请勿打扰"告示牌

5. 礼貌离店

在离店之前，可以先打个电话告知前台。若行李很多，则可以请前台安排服务人员来帮忙搬运行李。离店时，不可以拿走毛巾、睡衣或其他属于宾馆的物品。如果想要一些纪念品，则可以到宾馆的商店或商务中心去购买。

若不小心弄坏了宾馆的物品，则要主动告知，要勇于承担责任并加以赔付，而不要隐瞒抵赖。结完账后，要礼貌地致谢，并友好地与宾馆服务人员道别。

7.1.3 体育场观赛礼仪

体育场是进行体育锻炼和观看体育比赛的场所。观赛者在体育场观看比赛时，应遵守以下礼仪规范。

1. 遵守秩序

（1）入场前应根据赛事活动组织方的要求着装，并准备相关票证。

（2）入场时应积极配合组织方的要求，提前、有序入场，在入口处主动出示票证，以配合工作人员的检验工作；关心弱势人员，礼让老人、妇女和儿童，主动为有需要的人引路、指座；不带易燃易爆物品、管制刀具等危险物品入场，也不带宠物入场。

（3）入场后应对号入座，遵守会场纪律，不站立在通道上，不大声说话，不四处乱晃。若入场迟到了，则应弯腰前行至座位，或就地等待，待中场休息时再寻找自己的座位。如图 7-3 所示为观赛现场。

图 7-3 观赛现场

（4）观赛时应摘掉帽子，尽量降低身体重心，以免影响后排观众观看；尊重场上的运动员，不要吃东西，也不要接打电话；若无特殊情况，则不要提前离场；若因特殊情况需要提前退场，则应避免打扰他人。

（5）比赛结束后应按顺序离开座位，从最近的出口有序退场，并主动将杂物、垃圾带出场外。

2. 爱护环境

观赛期间，观赛者应自觉维护体育场内的卫生，爱护环境和公共设施，不乱踩座位，不翻越栏杆，不破坏公物，不随地吐痰，不乱扔果皮、瓜子壳等废弃物，不在场馆内吸烟。与此同时，每一位观赛者都应注意维护人文环境，与其他观赛者和谐相处。

3. 专心欣赏

观赛时要专心，不要做一些与观赛无关的事，不要交头接耳、喧哗打闹、四处走动等，否则，不仅可能错过精彩瞬间，而且可能影响其他观赛者。

了解比赛开始的时间、中场休息的时间、观看比赛的注意事项、各种竞赛规则等，积累竞赛的相关知识，以便更好地维护赛场秩序并文明观赛。在观赛过程中，拍照时不要使用闪光灯（见图7-4），因为闪烁的灯光会分散运动员的注意力，甚至可能致使运动员比赛失误或受伤。

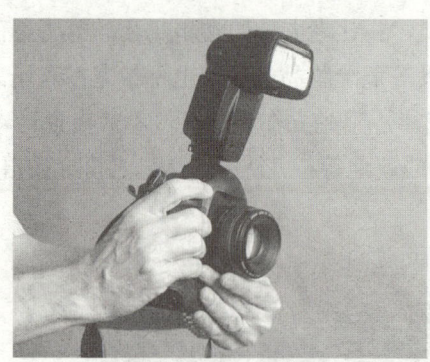

图7-4　拍照时不要使用闪光灯

此外，近距离观看射击、羽毛球、网球、短跑等项目的比赛时应将手机关闭或调成振动模式。

4. 礼貌喝彩

观赛时，观赛者应自觉遵守赛场秩序，文明地宣泄情绪，不可出现过激言行；为运动员加油助威的标语、口号等应健康、和谐；对本方运动员和对方运动员都应加油助威，对双方的精彩表演都应掌声鼓励；助威、喝彩要适时，切忌起哄、吹口哨、怪声尖叫、喝倒彩、扔东西等。如果使用乐器加油助威，则应注意节奏，做到有张有弛，不能影响运动员的正常比赛。观看残疾运动员比赛时，切忌出现蔑视、歧视、侮辱的言行。尊重比赛选手

模块 7 公共场所礼仪

和裁判员,理智对待比赛结果,切忌对裁判员大吼大叫。当自己所支持的运动员出现失误时应给予其安慰,而不要埋怨或责怪。

> 💡 **礼仪小贴士**
>
> 在观赛之前,应主动了解竞赛的基本常识和竞赛规则,这样有利于提高欣赏水平,也可以有效地避免在观赛过程中与他人产生不必要的冲突。

7.1.4 影剧院礼仪

到影剧院看电影、戏剧或文艺演出时,观赏者应当遵守影剧院礼仪。

剧院礼仪

1. 入场

到影剧院看电影、戏剧或文艺演出时应提前到场,对号入座(见图 7-5),并礼让其他观众,不要随意更换座位。若迟到了,则可在幕间休息时入场;若没有幕间休息,则应在工作人员的引导下悄悄入座。迟到入座时,应弯腰前行,放轻脚步,不要影响他人观看演出;对起身为自己让出过道的观众应表示感谢;从他人面前经过时应与之正面相对,切忌将自己的臀部对着其脸部,否则是非常失礼的。

图 7-5 对号入座

2. 观看

(1)观看时应摘掉帽子,以免遮挡后排观众的视线。
(2)观看时应坐姿端正,不左右晃动。
(3)自觉遵守场内规则,保护场地卫生,不吃零食,不随地吐痰。

（4）观看时应保持安静，不要大声谈笑、窃窃私语、附唱、解说或品评。

（5）在观看过程中应关闭手机或将手机铃声设为振动。

（6）在观看过程中不能随意退场。因特殊情况需要中途退场时应轻步慢行，并尽可能在幕间休息时退场。

（7）演员表演出现失误时应给予谅解，切忌喝倒彩、吹口哨、起哄或做出其他有辱演员人格的举动。

（8）若中途断片，则应耐心等待，而不要随意走动、喧哗打闹。

（9）若现场不允许摄影或摄像，则应遵守相关规定；若没有特殊规定，一般可以摄影、摄像，但现场拍照时切勿使用闪光灯。

3. 退场

在演出结束后，观赏者应有序退场。退场时应随手带走自己在观看演出时制造的垃圾。退场过程中应当相互礼让，不要推搡、拥挤、踩踏座椅等，更不要顺手带走公共物品。

 礼仪故事屋

中国观众的观剧修养

2021年，世界著名钢琴大师维阿杜在南京艺术学院音乐厅举办独奏音乐会。在当天的音乐会上，虽然有数百名琴童到场，但场内秩序却好得出奇，没有出现琴童喧哗打闹和满场乱窜的现象，音乐会取得了圆满成功。第二天，《扬子晚报》对音乐会进行了报道，并特别称赞了中国观众良好的观剧修养。随后，观剧修养成为社会讨论的热门话题。

7.1.5 公园游玩礼仪

在公园游玩时，游玩者应讲究社会公德，遵守公园游玩礼仪。

1. 遵守规定

1）拍照取景的规定

在公园景点拍照时，应遵守规定，不让拍照的不能强行拍照；拍照时不能践踏草坪、攀折树枝、攀爬雕塑作品等；拍照时应相互谦让，不能争抢，也不要妨碍他人、影响交通。

2）爱护公物的规定

在公园游玩时，应爱护公共设施和花草树木，不能随意在树木、雕塑、建筑上攀高，更不能肆意践踏破坏；应倍加爱惜文物古迹，不应乱写、乱刻、乱画；不能喂食、抓捕、恐吓园内放养的珍禽异兽。

模块 7　公共场所礼仪

2．讲究卫生

在公园游玩时，应自觉爱护环境卫生，不随地吐痰，不乱扔果皮、纸屑、烟蒂、塑料袋、包装盒等。

3．礼让他人

在公园进行练歌、唱戏、跳舞等活动时，应尽量避免干扰他人。公园所设置的长椅、长凳，是供游人短暂休息用的，不可一个人长时间占用。

4．注意安全

在公园内坐船游玩时，不可肆意打斗追逐，以防翻船落水；不可只身独闯危险地段；不可在公园里从事攀岩等比较危险的运动。在拍照、摄像或观看动物时，应留神足下，防止发生意外事故。吸烟者、野餐者、野炊者应注意防火。

7.2　公共交通礼仪

7.2.1　行路礼仪

行走是人们日常生活中必不可少的行为。下面主要介绍人们在道路行进、上下楼梯和搭乘电梯时应遵守的礼仪规范。

1．道路行进

在道路上行走时，应遵守以下礼仪规范。

（1）步行时应走人行道，不要与自行车或机动车抢道，不跨越马路护栏。横穿马路时应走斑马线，且一定要等绿色交通信号灯亮起之后、没车通过之时才能走到斑马线上。

（2）靠右侧行走，不可逆行。逆行会扰乱交通秩序，还可能引发交通事故。

（3）多人行走时，不可并排同行，不能互相打闹，以免影响他人通行。

（4）路遇熟人和朋友需要主动打招呼时，不可大喊大叫，以免惊扰他人。若要停下来与朋友交谈，则应在不阻碍行人的地方进行。

（5）不要边走路边吃东西，这样既不卫生又不雅观。走路时要注意维护环境卫生，不要随地吐痰，也不要随手扔垃圾。

（6）行走时应体现"女士优先"的原则，如进出大门时男士应礼让女士。

2. 上下楼梯

上下楼梯时，应遵守以下礼仪规范。

（1）靠右侧行走，将左侧的通道留给有急事的人。

（2）单排行走，而不要多人并排行走，以免影响他人通行。

（3）在下楼梯过程中为他人带路时，引导者应走在前面，让被引导者走在后面；在上楼梯过程中为他人带路时，引导者应走在后面，让被引导者走在前面。

（4）不可在楼梯口交谈，以免给他人带来不便。

（5）要注意与身前、身后的人保持一定距离，以防碰撞。

（6）无论有多么紧急的事情，上下楼梯时都不可推挤他人。

3. 搭乘电梯

搭乘垂直升降电梯时，应遵守以下礼仪规范。

（1）注意安全。当电梯关门时，不要扒门或强行挤入。当电梯人数超载时，应主动退出电梯。当电梯在升降途中暂停时，应保持冷静，耐心等候。

（2）出入有序。进入电梯时应讲究先来后到；走出电梯时应由外而内依次走出，不可争先恐后。

（3）快进快出。电梯的开门状态一般只持续十几秒，快进快出是安全原则。

（4）主动帮忙。遇到残障人士同乘电梯时应主动给予帮助，让其先进电梯。进入电梯后，应帮助他人按住开门按钮，以防电梯门关闭。当他人帮忙按住电梯开门按钮时，应向其说声"谢谢"。

（5）切勿攀谈。在电梯里尽量不要攀谈，以免打扰他人。如果遇到熟人，则可适当地打个招呼或简单地交流一下，但尽量保持言谈简洁和低调。

此外，在商场、机场或娱乐场所乘坐自动扶梯时，应自觉地站在右侧，以便给有急事的人留出一条通道。

7.2.2 乘坐公共交通工具礼仪

1. 乘坐公交车的礼仪

1）遵守乘车秩序

候车时应按顺序在站台上排队；车辆进站后，应待车辆停稳后再依次上车；若遇到老人、残障人士、孕妇或儿童，则应礼让他们，让他们先上车，必要时可搀扶他们上车；若车辆满员或已十分拥挤，则应耐心等待下一辆车，而不能拽住车门、腾空悬挂，否则既危及自身安全，又耽误车辆出行。

模块 7 公共场所礼仪

2）主动购票

上车后应主动投币、自觉买票或刷公交卡。

3）互谅互让

上车后，不要争抢座位。遇到老人、病人、残障人士、孕妇或怀抱婴儿的人时应主动为其让座。若别人为自己让座，则应立即道谢。没有座位时应往车厢里面走，站稳并牢抓拉环。若车内不拥挤，则应与其他乘客保持适当的距离，而不要靠得太近。若车内比较拥挤，则乘客之间发生碰撞、踩踏时应相互体谅。若不慎碰撞、踩踏了他人，则应马上道歉；当别人向自己道歉时，应大度地说"没关系"，予以谅解。

4）保持车内卫生，注意乘车安全

在车上不能随地吐痰、乱扔杂物，不要将头、手等部位探出窗外。携带尖硬、易碎的物品上车时应妥善放置，以免伤到他人。下雨天上车后，应将雨伞的尖顶部分朝下，以免戳伤他人。

5）有序下车

下车之前应提前做好准备，在车辆到站之前应向车门靠近。若需要他人让道，则应有礼貌地打招呼并予以提示，如"对不起，请让一让。""谢谢您，请换个位置，我要下车。"等，而不要一声不响地向外挤。车到站后，应按顺序下车，照顾并礼让老、弱、病、残、孕等需要照顾的乘客。

2．乘坐出租车的礼仪

1）礼貌乘坐

拦出租车时应礼貌招手，待出租车停稳后从右侧车门上车，上车后应把门关好并主动告知目的地。在出租车上，一般应避免与司机交谈，亦不可在车内吸烟。下车时应主动支付车费，并向司机道谢。

乘车座次礼仪

2）同乘礼仪

当与长辈、尊者或女士同行时，应主动为其开车门，待对方入座后再到副驾驶座就座。出租车到达目的地后，应主动付费。

3．乘坐火车的礼仪

1）礼貌候车

在候车厅等候时，应爱护候车室的公共设施，不要喧哗。将携带的物品放在座位下方或前方，不要抢占座位或多占座位，更不要躺在座位上使别人无法休息。保持候车室内的卫生，不要随地吐痰，不要乱扔果皮纸屑等废弃物。

2）对号入座

进入车厢后应对号入座。如果有人坐在了自己的座位上，不要盛气凌人地把人赶开，而应礼貌地说"对不起,我买的是××号,请让一下。""您好!这是我的座位。"等。如果买的是无座票,那么上车寻位时更应注意礼貌,可以暂时坐在没有人的座位上,待座位主人上车后再及时让出。

> **礼仪小贴士**
>
> 根据《民法典》第八百一十五条的规定,旅客应当按照有效客票记载的时间、班次和座位号乘坐。
>
> 为了维护正常的运输秩序,保护旅客的人身、财产安全,旅客和承运人都应当遵守客运合同中的义务。旅客除了应当支付票款外,还应当按照有效客票记载的时间、班次和座位号乘坐。

3)举止得当

(1)放好行李。上车后,应迅速地把行李放到行李架上,而不能放在过道上或小桌上,如图7-6所示。若需要移动他人的行李,则应征得他人的同意。将自己的行李摆放整齐,同时不要将行李放在他人的行李上,除非经过他人同意。往行李架上摆放行李时,不要穿着鞋踩踏座位或床铺。

图7-6 放好行李

(2)适时交谈。坐定之后,待时机成熟后再与邻座交谈。在交谈过程中,应注意分寸,不要打听他人的隐私,不要贸然地索要他人的地址、电话等信息,不要旁若无人地嬉笑打闹。当他人交谈兴致不高或准备休息时,应马上结束谈话。

(3)礼貌用餐。去餐车用餐时,若人数过多,则应耐心地排队等候。用餐时应节省时间,用餐完毕后应立刻离开,不要影响其他人排队就餐。

(4)文明休息。在座位上休息时,不要东倒西歪,不要卧倒在座位上,不要靠在他人身上,也不要把鞋脱掉或把脚放到对面的座位上。乘坐卧铺时应换上干净的鞋袜,以免脚部异味影响其他乘客休息。

模块 7　公共场所礼仪

4）讲究卫生

在车厢内应避免吸烟。不要在公用小桌上过多地堆放自己的物品。吃东西时所产生的垃圾，应扔到垃圾袋里，不要扔到过道上。

5）有序下车

列车到站后，应排队下车，不要争先恐后。当他人拿不动行李时，应主动给予帮助。若他人帮助了自己，则应礼貌答谢。

> **礼仪互动吧**
>
> 在乘坐火车过程中，你遇到过哪些不文明行为？你是怎样应对的？请和同学展开讨论，并进行角色扮演，以便熟练掌握相关的礼仪。

4．乘坐飞机的礼仪

1）提前候机

一般来说，乘坐国内航班时应提前 90 分钟到达机场，乘坐国际航班时应提前 120 分钟到达机场，以便办理值机手续。在办理手续时，应有序排队，耐心等待，听从工作人员的指挥。

2）礼貌登机

登机前应自觉排队检票。当乘务员在机舱门口热情迎接乘客时，乘客应向他们点头致意或问好。登机后应对号入座。

3）遵守规则

乘机时，应严格遵守飞机上的一切规章制度，听从乘务员的安排。坐定之后应系好安全带，关闭手机，等待飞机起飞。若想要如厕，则应尽量在飞机起飞或降落之前进行。需要调整座椅靠背的倾斜度时，应礼貌地询问后排的乘客是否方便。在机舱内说话时应降低音量，尤其是在其他乘客闭目养神或阅读书报时，以免影响其他乘客。

此外，乘客应礼貌对待乘务员。乘务员送来食物、饮料时，应根据自己的需要适量取用，并向乘务员表示感谢。

4）讲究卫生

乘机期间，不要吸烟，也不要乱扔垃圾。因身体不适而想要呕吐时，务必及时使用专用的清洁袋。

5．乘坐轮船的礼仪

1）有序登船

乘船时不得携带违禁品或易燃、易爆、有毒、有腐蚀性、有放射性以及有可能危及船上人身和财产安全的其他危险品。登船前应积极配合工作人员的安检工作。登船时应按次序排队，不要拥挤、插队。与长者、女士、儿童同行时应主动礼让，必要时应给予其帮助。上船时应注意安全，不要乱蹦乱跳。

上船后应对号入座；若自己买的是不对号的散席船票，则应听从工作人员的安排，有序入座。

2）注意安全

在轮船上进行室外活动时，应时刻注意安全，切勿抱着侥幸心理去不安全的地方（如轮船机舱内、救生艇上、桅杆上等）玩耍。风浪比较大时，船会晃动得比较厉害。为了安全起见，尽量不要一个人在甲板上游玩，更不要擅自下水游泳。

3）讲究卫生

在轮船上应自觉维护公共卫生，不要随地吐痰，也不要乱扔废弃物。与他人同住一个客舱时不要吸烟。若周围有人晕船、生病，则应给予其力所能及的帮助。

4）听从指挥

如果轮船在行进途中遭遇天灾或发生事故，则应听从工作人员指挥，有序撤离，不要惊慌失措地跳水求生。

7.2.3 驾驶礼仪

在现代生活中，汽车已成为人们生活中密不可分的一部分。驾车时，人们应重视和遵守驾驶礼仪，做到文明驾车。

1. 遵守交通信号灯

驾车时，一定要遵守交通信号灯，待绿色交通信号灯亮起后再通行。如果遇到红灯，那么即使没有其他车辆或行人在过马路，也应停车等候。此外，在有斑马线的路口等候时，应将车停在距离斑马线 1 米以外的地方。

2. 合理使用灯光

汽车上有夜行照明灯、夜行示宽灯、转向灯、刹车灯、紧急信号灯、雾灯等，各种灯光具有不同的用途。灯光的使用直接关系到行车的安全，驾车时务必正确使用灯光。

- **夜行照明灯**：有远光灯和近光灯两种。在有路灯的道路上行驶时应使用近光灯；在无路灯的道路或高速公路上行驶时可使用远光灯，但会车时，应关闭远光灯，开启近光灯。
- **夜行示宽灯**：用于在夜幕降临、视线不明时显示车身宽度和长度，以保证夜间行驶的安全。
- **转向灯**：是最常用的信号灯，在车辆需要转向时开启。需要注意的是，转向灯应

模块 7 公共场所礼仪

在距转弯路口 30 米至 100 米左右时开启，以免尾随车辆措手不及造成追尾。
- ◆ **刹车灯**：亮度较强，主要用来告知后车，前车要减速或停车。
- ◆ **紧急信号灯（双闪）**：主要在车辆因发生故障而需要临时停车等紧急情况下使用，在能见度较低的恶劣天气也应打开。
- ◆ **雾灯**：可以帮助驾驶员在雾天或雨天等能见度较低的情况下提示其他车辆，让其他车辆看见本车，以防止碰撞事故的发生。所以，在雾天或雨天等能见度较低的情况下驾车时一定要打开雾灯。

3. 正确使用喇叭

汽车喇叭是驾车时使用较频繁的设备。不同的喇叭按法代表不同的意思，驾车时应正确使用。不要不分场合或频繁地使用汽车喇叭，否则会使他人反感；也不要在应该使用汽车喇叭时却不用，否则可能引发交通事故。

如何文明使用喇叭

> **礼仪小贴士**
>
> （1）一声短"嘀"表示打招呼，有"谢谢！""你好！""我先走了！"的意思。
> （2）两声短"嘀嘀"，表示提醒他人："注意，有车来了。"
> （3）一短一长"嘀、嘀——"，表示紧急提醒他人："靠边！危险！"
> （4）一声长"嘀——"，表示催促他人让路。

4. 规范停车

驾驶员只能在允许停车的地方停车，停车时不能占用两个停车位，也不能把车停在挡住其他车辆出入的地方，如图 7-7 所示。与其他车辆同时寻找停车位时，应注意礼让。

图 7-7 规范停车

153

礼仪故事屋

文明就在身边

某天傍晚，恰逢学生放学之际，在慈溪市南二环快到孙塘路十字路口的斑马线上，3名初中生一边向礼让行人的司机鞠躬，一边快速通过。这一举动，被司机的行车记录仪捕捉到。

据了解，当天下午放学时，3名初中生在路边等待过马路，很快就有几辆车在斑马线前停下了，这3名初中生一边鞠躬，一边小跑着过马路。"我们认为在过斑马线的时候，能为我们让行的车主很善良，我们要向他们鞠躬致谢。平时在家里、学校里，父母和老师都教我们要学会感恩，鞠躬是最基本的。"这3名初中生说。

车辆礼让斑马线，体现的是人情味，彰显的是城市文明。

文明守礼润人心

积极推进礼仪教育

社会文明程度得到新提高，是我国"十四五"时期经济社会发展的主要目标之一。礼仪作为一种行为规范和价值载体，具有成风化人的教化功能。努力实现社会文明程度得到新提高的目标，需要积极推进礼仪教育，不断提升人民群众文明素养，推动全社会形成适应新时代要求的思想观念、精神面貌、文明风尚、行为规范。

（1）建立礼仪制度。

礼仪制度能够调节各种社会关系，是加强礼仪教育的重要基础。加强礼仪制度建设，要坚持以社会主义核心价值观为引领，继承优秀传统，立足当代实践，增强中国特色。强调全面性，既完善国家层面的重大纪念庆典活动礼仪制度，又规范社会层面的生产生活礼仪制度；既完善全社会共同遵守的礼仪规范，又制定体现各行各业特点的行为准则。呈现民族性，体现以爱国主义为核心的民族精神，传承发展中华优秀传统礼仪文化，在内容和形式上彰显中国精神、中国价值、中国力量，树立文明古国、礼仪之邦的良好形象。彰显时代性，体现以改革创新为核心的时代精神，符合现代文明基本理念，凸显中华传统礼仪文化的时代价值，并利用网络信息技术丰富其表达方式和呈现样式。

（2）优化教育模式。

礼仪教育的系统性要求整合优化多种教育模式，着力构建家庭、学校、社会协同发力的礼仪教育体系，让人们在实践中自觉感知礼仪、尊崇礼仪、践行礼仪，推动现代文明礼仪内化于心、外化于行。发挥家庭作为礼仪教育第一课堂的作用，通过言传

模块 7　公共场所礼仪

身教、耳濡目染，促进青少年学礼尚礼；发挥学校作为礼仪教育主阵地的作用，通过开设礼仪课程、强化礼仪训练，组织开展升国旗仪式、入党入团入队仪式等礼仪实践活动，把礼仪教育贯穿教育教学全过程；发挥社会作为礼仪教育"实训基地"的作用，通过举办礼仪培训班、礼仪文化节等，提高社会公共礼仪水平。随着信息技术的迅猛发展和互联网普及程度的不断提升，上网成为人们工作生活常态。应依托新媒体技术，将线上与线下礼仪教育相结合，确立网络公共空间的礼仪、礼节、礼貌规范，进一步营造清朗网络空间。

（3）营造文化氛围。

大力营造全民学礼、明礼、尊礼、用礼的浓厚氛围，有助于开展礼仪教育、提升教育效果。重大纪念庆典活动是开展礼仪教育的重要契机，可以进一步优化形式和规程，体现仪式感、庄重感、荣誉感，营造国家崇礼重礼的文化氛围。加大对重要礼仪的宣传普及，综合运用各种媒体，通过专题栏目、公益广告等形式，大力宣传日常生活中的礼仪活动和礼仪规范，普及礼仪知识，讲好礼仪故事。发挥先进典型的示范引领作用，通过评选、表彰文明礼仪模范个人和先进单位，以榜样的力量激励人、鼓舞人，推动全社会形成见贤思齐、争当先进的良好氛围。开展群众性文明礼仪创建活动，组织开展文明礼仪比赛、自创自演礼仪剧目等活动，广泛弘扬文明礼仪新风。

（资料来源：人民网，有改动）

模块检测

1. 填空题

（1）人们去医院看病时，要遵守＿＿＿＿；去看望病人时，则应遵守＿＿＿＿。

（2）在道路上行走时，应靠＿＿＿＿行走，不可逆行。

（3）乘坐国内航班时应提前＿＿＿＿到达机场，乘坐国际航班时应提前＿＿＿＿到达机场，以便办理值机手续。

（4）在有路灯的道路上行驶时应使用＿＿＿＿；在无路灯的道路或高速公路上行驶时可使用＿＿＿＿，但会车时，应关闭＿＿＿＿，开启＿＿＿＿。

2. 判断题

（1）在公园景点游玩时，只要不妨碍他人，就可以随意拍照。　　（　　）

（2）只要在医院允许的探视时间内，可以随时去医院探望病人。　　（　　）

（3）到影剧院看电影、戏剧或文艺演出时，可随意更换座位。　　（　　）

（4）在下楼梯过程中为他人带路时，引导者应走在前面，让被引导者走在后面；在上楼梯过程中为他人带路时，引导者应走在后面，让被引导者走在前面。（　　）

3．简答题

（1）在体育场观看比赛时，应遵守哪些礼仪规范？

（2）乘坐火车时，应遵守哪些礼仪规范？

（3）搭乘垂直升降电梯时，应遵守哪些礼仪规范？

综合评价

各组配合指导教师完成如表 7-1 所示的考核评价表。

表 7-1　考核评价表

项目名称	评价内容	分值	评价分数		
			自评	互评	师评
知识与技能考核 60%	熟知在特定公共场所的基本礼仪	20 分			
	熟悉行路礼仪	20 分			
	熟悉乘坐公共交通工具礼仪和驾驶礼仪	20 分			
素质考核 40%	具有良好的语言表达能力	10 分			
	善于分析、总结与反思	15 分			
	善于理论联系实际，能够将所学知识应用于实际生活中	15 分			
合　计		100 分			
总评	自评（20%）+互评（20%）+师评（60%）=	教师（签名）：			

模块 8

校园礼仪

 知节有礼

忙乱的课堂

场景一：某日清晨，上课铃声刚刚响过，一位同学左手拿着面包，右手拿着酸奶，疾步走进教室，准备在课堂上吃早餐。而此时，在教室一角，一位同学正大口吃包子，教室里弥漫着一股包子味……

场景二：某节课上，全班同学正在认真听讲，突然，一位同学推开前门走入教室，并将门顺手一关，只听"砰"的一声。然后，这名同学开始慢悠悠地寻找合适的位置。此时，已经上课近十分钟了，这位同学的到来不仅打断了老师的讲解，而且还扰乱了其他同学的注意力。

场景三：某班正在上课，突然，教室中响起了"喂，有电话了，喂，有电话了……"的手机铃声。搞怪的铃声立即让全班同学哄堂大笑。

想一想

上述场景中，这些同学的言行举止是否符合礼仪规范？学生应该遵循哪些校园礼仪？

8.1 师生交往礼仪

师生交往是校园中最常见社交关系之一，每个学生每天都会面对老师，如在课堂上、在办公室中、在校园里。合乎礼仪的与老师进行沟通交流，是构建良好师生关系的开始，也是每个学生进入校园的必修课。

8.1.1 课堂礼仪

课堂是老师向学生传授知识的场所。而遵守课堂礼仪是学生最基本的礼貌，有助于促进老师与学生的沟通，提高教学质量。

1. 课前礼仪

1）做好课前准备

（1）仪容着装准备。进入教室要保持仪容整洁、仪表端庄、仪态大方，不能穿奇装

异服,夏天不要穿背心、拖鞋上课。男生不要胡子拉碴、发型怪异;女生不要穿过于暴露的衣服。

(2)上课材料准备。上课前应带好上课所需要的书籍、笔记本和其他文具进入教室,做好上课准备。这既是尊重老师的表现,也是尊重整个班级的表现。所有的学生都应注意避免因个人准备欠妥而影响整个班级上课。

2)提前进入教室

学生应提前几分钟进入教室,做好上课准备,静候老师到来,这是对老师的尊重。上课铃声响后才进入教室,或者老师开始讲课时才气喘吁吁地跑进教室,都是非常失礼的行为。

学生上课不能迟到。如果因特殊情况而迟到了,则应注意以下事项。

(1)迟到时应在教室门口停下脚步,立定并大声喊"报告"。如果教室门关着,应先轻轻地敲门,在得到老师的允许后再进入教室。

(2)当老师询问迟到的原因时,应实事求是地向老师做出解释。如果受到老师的批评,应诚恳地接受批评并承认错误。在得到老师的谅解和允许后,方可入座。如果老师对于迟到产生误会,不要当场解释、争辩,更不能当众反驳、顶撞,而应该在下课后平心静气地向老师解释清楚,也可以写书面材料交给老师,或者在事后寻找合适的时机加以说明,以消除误会。

(3)走向自己的座位时,应确保脚步轻健、动作幅度小,以尽量减少对课堂秩序的干扰。

礼仪小贴士

老师也应当准时进入教室上课,不能迟到。老师若因遇到特殊情况而不能准时到达教室时,必须在正式上课前向学生做出解释并致歉,以求得学生的谅解。

3)入座礼让同学

入座时同学之间应该相互礼让,将前排座位让给视力较差或身高较矮的同学,不要争先恐后地争抢座位。

4)礼貌问候老师

当老师走向讲台时,全体学生应迅速起立,向老师行注目礼并问好,老师答礼之后方可坐下。

5)课前关闭手机

上课前关闭手机是学生应当遵守的基本礼仪规范。如果因有重要事务不能关闭手机,则应将手机调成振动或是静音。

2. 上课礼仪

1) 精神饱满

在课堂上，要集中注意力，认真听老师讲解，并做好笔记。不要心不在焉，打哈欠、打瞌睡；不要和同学说悄悄话或看其他书报；更不要玩手机或游戏。

2) 言行得体

当老师提问时，若想发言应先举手，待老师点到名字后再站起来回答问题，未经老师允许不要随意发言，也不要坐在座位上发言，更不要随意打断他人的发言。发言时，站姿要端正，态度要落落大方，声音要清晰响亮。若无法回答老师的提问，也应先起立，再向老师解释清楚。其他同学发言出错时，切忌哄笑挖苦。

若听课过程中遇到问题，应先举手示意，待老师同意后才可以提问。提问的时候态度要谦虚。若与老师的观点不同，则可以用征询的语气委婉地说出自己看法，谦虚地与老师探讨，切忌与老师激烈争辩，甚至对老师冷嘲热讽。

3. 下课礼仪

下课铃响后，若老师还未宣布下课，应继续安心听讲，等待老师宣布下课，而不能忙着收拾书本，或者把桌子弄得嘎吱作响，甚至直接离开教室。否则，就是对老师的不尊重。

课间休息的时候，应主动为老师擦黑板，但须先征求老师的意见。

8.1.2 老师办公室礼仪

老师办公室是老师工作的地方，学生出入老师办公室时应当遵守以下礼仪规范。

（1）进入办公室时一定要敲门或大声喊"报告"，得到老师的允许后方可进入。如果老师正在休息，而自己并没有紧急的事，则不要打扰老师。

（2）进入办公室后应轻轻地关上门，见到其他老师时应礼貌地问好。

（3）老师邀请入座时，学生才可以坐下，并应礼貌致谢。

（4）如果所找的老师不在，则可礼貌地询问其他老师，或者给老师写留言条。

（5）不能乱动老师办公桌上的材料和物品。

（6）说话应降低音量，尽量不影响其他老师正常工作。

（7）离开办公室时应礼貌地向老师告别。

模块 8　校园礼仪

8.1.3　与老师交谈的礼仪

与老师交谈时需要注意以下事项。

（1）与老师交谈时应直截了当，并确保意思明确，不要转弯抹角。

（2）与老师交谈时，应确保距离适中，一般距离 1.5 米左右，太近和太远都是不礼貌的。

（3）不要随便打断老师的讲话。

（4）不赞成老师的观点时应委婉地发表自己的看法，而不应反问或质问老师，更不应无礼地顶撞老师。

 礼仪故事屋

汉明帝敬师

汉明帝刘庄做太子时，博士桓荣是他的老师。后来刘庄继位做了皇帝，"犹尊桓荣以师礼"。他曾亲自到太常府去，设置几杖（即坐几和手杖，古时候常作敬老者之物），并让桓荣坐东面，他自己则像当年讲学一样聆听桓荣的指教。桓荣生病时，汉明帝就专程派人慰问，甚至亲自登门看望。每次探望老师，他都是一进街口便下车步行前往，以示尊敬。进门后，他常常拉着老师枯瘦的手默默垂泪，良久乃去。当朝皇帝对桓荣如此，所以"诸侯、将军、大夫问疾者，不敢复乘车到门，皆拜床下"。桓荣去世时，汉明帝还根据礼仪规定换了衣服，亲自临丧送葬，并对桓荣的子女进行妥善安排。

8.2　同学交往礼仪

同学交往是校园中另一常见的社交关系。在学校里，同学需要在学习、生活上交流，特别是住校生，不仅要在一起学习上课，还要每天一起吃饭、一起住宿。因此，同学之间也要十分重视礼仪修养。

8.2.1　与同学交往的原则

1. 相互尊重

不同的人在人格上是平等的。同学之间应互相尊重，不对同学的相貌、体态、衣着评头论足；尊重同学的人格和生活习惯，不给同学起带侮辱性的绰号，不要讥笑、歧视他人。

2. 礼貌相待

同学之间相互问候时可彼此直呼其名，不能用"喂""哎"等不礼貌的称呼，或者直接叫同学外号。不谈论同学忌讳的话题，不在背后议论同学的是非。在有求于同学时，须用"请""谢谢""麻烦你"等礼貌用语。借用同学的学习用品和生活用品时应先征求同学的同意，借用物品后应及时归还并致谢。对于同学所遭遇的不幸、偶尔的失败、学习上暂时的落后等，不应嘲笑或歧视，而应给予热情的帮助。

3. 诚实守信

诚实守信是一种美德。与同学相处应不欺不诈。只有遵守诺言才能取得他人的信任；只有以诚相待才能以心交心。

4. 谦虚随和

与同学相处时不摆架子，不自以为是，不互相攀比，不挑拨是非，不恶语伤人，要虚心向品德优良、成绩优秀的同学请教。

5. 宽容理解

学会宽容，与同学相处时有一颗宽容的心。遇事多为他人着想，不斤斤计较，多站在他人的角度想问题，多为他人考虑。

6. 团结进取

与同学和睦相处、互帮互助、共同进步，真诚地关爱他人，不做破坏同学友谊、班级和谐的事。不挖苦讽刺暂时落后的同学，对取得了优异成绩或有明显进步的同学，应该向其虚心学习或表示衷心祝贺。

8.2.2 宿舍礼仪

宿舍是学生共同生活的场所，是学生们共同的家，也是反映学生精神文明和礼仪修养的一个窗口，一定要格外重视。具体来说，学生可以从以下几个方面来学习宿舍礼仪。

1. 宿舍生活

1）遵守纪律

住集体宿舍要遵守宿舍纪律，在学习、用餐、起床、就寝、熄灯等方面应自觉遵守学校的规章制度。按时起床，按时熄灯就寝。需早起时要向室友们提前说明，起床时要动作轻柔，尽量不出声响，并尽快离开宿舍。如果因事迟归，要努力把惊扰程度减到最小。

2）言谈文明

待人要谦恭和气，谈吐要文明有礼，而不要出言不逊、粗话连篇。这样同学之间才能相处得更加融洽。

3）注重隐私

在集体生活中，每位同学都要尊重他人的隐私权：不要随便使用同学的用具，不要翻看同学的私人笔记、书籍和物品，更不能将同学的东西据为己有；不能翻看同学的日记，不能私拆、私藏同学的信件；同学有亲友来访，谈一些私事时，其他同学要适当回避。

4）互谅互让

在集体生活中，难免会发生一些矛盾和不愉快的事情，要宽以待人，互相谅解。即使是原则问题，也应心平气和地说明道理。

5）友爱互助

当同学生病时，要主动关心，热情相助，如陪同看病、帮同学到食堂买饭、帮同学打开水等。当同学遇到困难时，应主动为其提供帮助。

6）相互信任

若在宿舍里丢失东西，不要无端猜测；与舍友产生隔阂时，应主动交流和沟通，减少误会。

2．宿舍卫生

住集体宿舍要自觉搞好个人卫生。衣服被褥要勤洗，早上起床后铺位要打扫干净，被褥要铺叠整齐，洗漱用具、衣服鞋袜要放好。在搞好个人卫生的同时，还要自觉遵守值日制度，主动搞好宿舍公共卫生，保持宿舍内没有杂物、纸屑，门窗洁净，桌凳及公用物品摆放整齐，如图 8-1 所示。

图 8-1　整洁的宿舍

礼仪故事屋

一屋不扫何以扫天下

东汉时期的名臣陈蕃，是一个清正廉洁、刚正不阿的人，他年轻的时候立志干一番大事业。陈蕃十五岁时，曾住一室无事可做，而室内外十分肮脏，他父亲的朋友来看他，对陈蕃说："为什么不打扫干净迎接客人呢？"陈蕃说："大丈夫处世，当扫除天下，安事一室乎？"意思是说：大丈夫在世，应当扫除天下的垃圾，哪能只顾自己的一室呢？该长者虽然赞赏他有澄清天下的志气，但是还是批评了他："一屋不扫，何以扫天下？"意思是说：屋里的卫生都懒得打扫的人，怎能治理天下？

这则故事警示后人：立大志者要从修身做起，从小事做起，不要光说大话、空话，不干实事。同样，作为一名学生也应该从小事做起，从宿舍的卫生做起，养成良好的个人卫生习惯，提高文明修养。

3．宿舍安全

注意公共安全，严禁私安、私接电源和使用超大功率电器，严禁在宿舍做饭。当宿舍内的电气设备出现故障时，不要自行处理，应及时报修。

4．宿舍串门

通常在有同学相邀，并得到该寝室其他同学允许时，才可以串门。进门时，应主动向其他同学打招呼；同学让坐下时，只能坐在邀请人的铺位上，不能随处乱坐，不能乱用、乱翻他人物品；和同学聊天时，说话声音要轻。串门时间不宜太长，以免影响其他同学的正常作息。

8.2.3 同学间借用钱物的礼仪

在日常生活中，同学之间可能会相互借钱、借物。具体来说，同学间借钱、借物时应注意以下事项。

（1）日常生活中的常用物品，自己要备齐。假如自己暂时没有，确实需要向同学借用时，应向物主说明情况，待允许后再用。

（2）使用借来的物品时要爱惜，用后要及时归还，请物主验收，并向物主致谢。如果不能及时归还，应及时向物主说明情况，并承诺下次归还的日期。

（3）若与物主不熟悉，则不要向其借东西。

（4）尽量少借钱，不能借贵重物品。

（5）不能借物主非常珍爱的东西。

礼仪知识窗

男女学生交往礼仪

男女学生之间的交往应得体、适度，做到言谈有礼、举止大方。双方应尊重对方的隐私，给对方一定的私人空间，不互起绰号，不讲粗话、脏话和庸俗的传闻，不对其他异性同学的容貌、身材和衣着评头论足。

8.3 校园公共场所礼仪

校园公共场所是同学生活、学习和娱乐的地方，每个学生都有责任维护它的秩序。

8.3.1 图书馆礼仪

学校图书馆是知识的海洋，也是科学的殿堂。学生应在图书馆里讲究公德，遵守礼仪，体现出良好的文明素养。

1. 保持安静

图书馆内应保持安静，如图 8-2 所示。在图书馆里走动时脚步要轻，避免将桌椅弄出声响；遇见同学或熟人，轻轻点头或挥手示意即可，尽可能少说话，更不能高声谈笑、大声喧哗；阅读时不要出声。

图 8-2　图书馆内保持安静

在图书馆内，手机等通信工具应关闭或调至振动、静音状态，如需通话，应走到阅览区域之外再轻声接听电话，并随身带好贵重物品。

2. 不抢占座位

图书馆是公共场所，有空位时人皆可坐。在图书馆找座位时，不能与人争抢，也不能替别人占座。如果从座位上临时走开，回来时发现自己的座位被他人占据，不妨轻声与占座人商量，互相体谅。

3. 有序阅读和借阅

对开架图书应逐册取阅（见图 8-3），不要同时占有多本书，以便让更多的同学查阅到想要的资料。

图 8-3 逐册取阅

阅读后，应将图书放回原处或放到指定地点，不能随意乱放，以免影响他人取阅。

离馆时，应自觉把座位及对应的阅览桌收拾干净，并把桌椅复归到原位；带到图书馆的物品要记得带走，废弃的纸张等废弃物应自觉扔到垃圾桶内。

长期借阅的图书应在规定日期内归还，如需续借，应及时到图书馆进行续借登记。

4. 爱护书籍

看书前，最好先洗手，以保持书的整洁。

看书时，不要在书上圈点、批注、折角或做各种标记，更不能把自己认为有用的资料、图片撕下来。

如果确实需要某种资料的话，可征得图书馆工作人员同意后，到指定处复印。

8.3.2 食堂礼仪

学校食堂是师生共同就餐的场所，就餐人数多、就餐时间集中，工作人员往往比较繁忙。学生应遵守就餐礼仪，给自己方便的同时，也能方便他人。

1. 遵守秩序，排队购买

用餐者应按规定时间到食堂就餐。进入食堂就餐时应遵守秩序、互相礼让，自觉地按照先后次序排队购买饭菜，不要插队、冲、跑、挤，更不要打闹、起哄或出现其他不文明行为，如图 8-4 所示；应礼让那些因特殊原因而需要优先买饭菜的同学或老师；排队人多时，应耐心等待，不能敲击柜台、餐具，或大声催促；买完饭后，应礼貌地向工作人员道谢。

图 8-4 排队买饭

2. 端稳托盘，注意礼让

拿到餐时，用餐者应双手端托盘，双臂微屈，将餐盘平托于胸前，略低于胸部。端着餐盘行走时，用餐者应两眼平视前方，脚步平稳，确保饭菜不洒落、汤水不外溢；通过过道时，应尽可能地走在过道右侧，并注意礼让他人，避免与他人发生碰撞。若不小心将汤汁洒到他人身上，应及时、真诚地向对方道歉。将托盘放到餐桌上时，应轻而稳地将餐盘放在餐桌上。

3. 量腹而食，讲究卫生

就餐时应按照自己的食量，选购适量的饭菜。随便剩饭、剩菜将造成资源浪费，这意味着对食堂工作人员劳动成果的不尊重。进餐时，不要把饭菜洒落到桌面上，若不小心洒落，应及时清理干净；不能随地乱吐骨、刺或其他无法吞咽的食物。用餐完毕后，应将自己桌面上的垃圾收拾起来倒进指定的泔水桶里，而不能倒入洗手池里。若就餐时使用的是公用消毒餐具，应在餐后自觉地将餐具送至指定回收处，不能私自带走餐具，也不能将其留在餐桌上，以免影响他人用餐。

4. 文明用餐，举止文雅

用餐者就餐时应注意举止文明、吃相文雅，具体而言，应做到以下几点。

（1）举止文雅。夹菜时，胳膊不要碰到邻座的就餐者；不要把盘里的菜拨到桌上；不击碗敲筷或让碗碟碰撞桌面发出很大的声响；不能边吃边大声说话，或者与同伴一边吃一边打闹。

（2）咀嚼文雅。吃东西时应闭嘴咀嚼、小口吞咽，尽量不要发出响声。切忌将过量的食物塞入口中，把两腮胀得鼓鼓的。

（3）喝汤文雅。喝汤时应小口吞咽，并避免发出声响。如果汤太烫，则应待其稍凉后再享用，而不要用勺子搅拌或用嘴对着汤吹气，否则既不礼貌也不文雅。

（4）吐刺文雅。在用餐过程中，吃鱼或排骨时需要吐刺或大块骨头时，应使用筷子将刺或骨头从口中取出，再放在桌面上或专用容器里，而不能将嘴对着桌子直接吐出。

礼仪互动吧

在食堂就餐的过程中，常见的不文明行为有哪些？请和周围的同学展开讨论。

5. 礼貌反馈，合理建议

就餐时，若发现饭菜里有异物或存在质量问题，可礼貌地向食堂管理人员反映情况，必要时可以向食堂管理人员提出合理、可行的建议，以帮助食堂改进工作，提高服务质量。注意不要当着食堂工作人员的面抱怨饭菜质量不好，更不要大发脾气或吵闹不休。如果在反映问题时粗暴无礼，则不但不利于解决问题，反而还会激化矛盾，妨碍问题的顺利解决。

礼仪故事屋

饭菜按重量计价提升光盘率

红烧鸡腿套餐小份饭、鱼香肉丝套餐小份饭、雪菜黄鱼套餐小份饭……自9月开学以来，某大学后勤集团在外卖选餐方面有了新变化，在微信订餐端增加了"小份饭"选择，方便师生按需购买。"以前盒饭都是二两，对我们胃口小的女生来说，心有余而力不足。现在的小份饭，刚好适合我的饭量。"经常在微信端订餐的一位大二女同学说。

为推进"节约型食堂"建设，该大学后勤集团与某信息技术公司合作，在校园内推出集人脸识别、自动称重计价、无感支付和营养分析等于一体的食堂管理系统，通过技术应用创新食堂业态，提升消费体验，传递"节约""光盘"等理念。

这套智慧系统能精准记录用餐者食物的卡路里，师生们取餐完毕后，手机上马上就会收到关于本餐的蛋白质、碳水化合物、脂肪的比例分析，提醒用餐者摄入平衡。"每取一个菜还会实时显示取菜重量与价格，这样的方法能帮助我们合理控制消费支出。"

一位正在用餐的老师说。

两年来的实践表明,推广这种新模式,就餐者的光盘率明显提升,剩余量明显下降,餐厨垃圾可减少一半以上。

（资料来源：光明网，作者周亦颖，有删改）

8.3.3 大型活动礼仪

学校和企业常常会举办一些大型活动,如表彰大会、开学典礼、毕业典礼、校庆典礼、开业庆典等。由于参加的人数众多,又是正规场合,因此参与人员一定要遵守会场或典礼现场的礼仪规范,维持良好的秩序。

1. 准时到场

参加大型活动时,应衣着整洁、仪表大方,提前几分钟有序入场,不要拖拖拉拉。入场时不要勾肩搭背、大声谈笑、东张西望或寻人打招呼。入场后应在指定位置入座或列队。若事先没有指定座位,则应听从集会组织者的安排,迅速就座。

礼仪小拓展——
社团活动礼仪

2. 举止文明

在大型活动现场,不要随意进出或随意走动,不要交头接耳、喧哗打闹、看报纸杂志、吃零食、打瞌睡、接听电话等,而应服从统一指挥,遵守会场纪律（见图8-5）,保持会场肃静。当发言人走上讲台或者讲到精彩之处时,应鼓掌致谢,切忌喝倒彩、吹口哨等;在发言结束时,应给予长时间的掌声,以示谢意。若无特殊原因,不要提前离场。

图8-5 遵守会场纪律

3. 礼貌退场

大型活动结束时应安静有序地退场。挪动座椅时动作要轻，不要发出刺耳的声音。多人同时退场时应遵循礼让原则，不打闹，不推搡，不占道，不抢道。

礼仪知识窗

入 泮

中国有句古话叫作"入泮宫，出府学，上青云路"。其中，"入泮宫"是指古代学生的入学大礼。在古代科举考试中，在州县考试中考中秀才的学生入学时都要举办入泮礼。《礼记·王制》中有记载："学童首先换上学服，拜笔、入泮池、跨壁桥，然后上大成殿，拜孔子，行入学礼。"

在古代，"泮"就是指学校。春秋前期，鲁僖公为了兴学养士，在鲁国都城泮水岸边修筑了规模宏大的泮宫。这是周代诸侯国中最早的学宫，相传孔子常带弟子游泮。之后，各诸侯国争相仿效，也在国内修筑泮宫，开凿泮池（见图8-6）。从此，"泮宫"就成了诸侯国大学的代名词。

图8-6 泮池

古人的"入泮"是一个相当庄重的仪式，绝对不能有任何的马虎。"入泮"的大致流程如下。

1) "正衣冠"

古人云："先正衣冠，后明事理。"在"正衣冠"这个环节中，学生有序站立，教书先生依次为其整理衣冠。《礼记》载曰："礼义之始，在于正容体，齐颜色，顺辞令。"可以看出，先正衣冠、再做学问是古人的共识。

2) 行拜师礼

入学的学生先拜孔子，再拜先生，需要行拜师礼（见图8-7）。拜先生时，学生向先生赠送"束脩六礼"（见图8-8），即学生入学拜师时送给先生的六种礼品，具体包括芹菜、莲子、红豆、红枣、桂圆和干瘦肉条。其中，芹菜，寓意为勤奋好学；莲子，寓意为苦心教学；红豆，寓意为鸿运高照、宏图大展；红枣，寓意为早日高中；桂圆，寓意为启窍生智、功德圆满；干瘦肉条，用于表达感谢师恩的心意。之后，学生之间互相鞠躬，表示互爱互帮。

图8-7　行拜师礼

图8-8　"束脩六礼"

3）净手净心

行拜师礼之后，学生要按先生的要求将手放到水盆中"净手"。"净手"（见图8-9）即洗手，做法是将手心手背各洗一次，然后擦干。洗手的寓意在于净手净心，去杂存精，希望学生在日后的学习中专心致志、心无旁骛。

4）朱砂开智

朱砂开智（见图8-10）也称"朱砂启智"或"朱砂点痣"，是开学仪式中最后一道程序。具体做法是先生手持蘸着朱砂的毛笔，在学生眉心处点上一个像痣一样的红点。因为"痣"与"智"谐音，所以"朱砂点痣"中的"痣"取的其实是"智"的意思。朱砂开智的寓意为开启智慧，希望学生目明心亮，在日后的学习能一点就通。

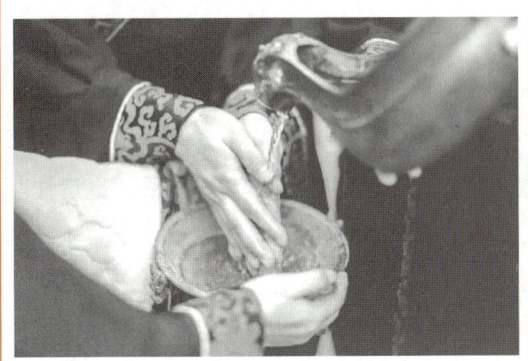

图8-9　净手

图8-10　朱砂开智

此外，学生还须填写"亲供"，写下自己的年龄、籍贯等，相当于填写新生入学登记表。由于当时没有照片，所以学生还必须在"亲供"中注明"身中（即身高），面白，或有须，或无须"，再由老师统一整理后送往各个学院。

文明守礼润人心

文明已成为校园里最美的风景

广大青少年是祖国的希望、民族的未来，是伟大梦想的承担者、圆梦人。建设文明校园，就是要坚持立德树人，激发青少年的使命感、责任感，帮助青少年扣好人生第一粒扣子，对培养担当民族复兴大任的时代新人，进而推动全社会文明程度的提升有着重要的意义。党的十八大以来，在习近平新时代中国特色社会主义思想的指引下，全国各地学校大力创建文明校园，学校教育和青少年思想道德建设不断加强，文明在校园蔚然成风。

价值引领 立德树人

培养什么人、怎样培养人、为谁培养人——这是我国教育事业发展必须回答的根本问题。全国各地学校紧紧围绕立德树人根本任务，提升思政教育水平，积极构建一体化育人新模式，努力实现全员育人、全程育人、全方位育人。

许多高校深入开展了理想信念教育，例如，结合重大历史事件纪念日、节庆日，广泛开展爱国主义、民族传统、文明礼仪专题教育活动，坚持开展"一二·九"系列文化活动、英烈祭奠活动，深化党史、国史、改革开放史和社会主义发展史学习教育。一大批毕业生立志"到祖国最需要的地方建功立业"。

润泽心灵 以文化人

校园文化是一所学校发展的根基，学校担负着培养担当民族复兴大任时代新人的重任，更需要积极培育健康向上的校园文化，牢固树立师生的文化自信，以优秀文化的力量成风化人。

蕴含人文精神的校园环境是莘莘学子的"无言之师"。有些高校注重传统艺术和经典艺术教育，每年引进京剧、昆曲、歌剧、音乐剧等经典剧目，创立"菁萃·大家讲堂"，邀请人文艺术名家走进交大开课，引领大学生感受美、理解美、传播美；深入挖掘自身校史资源，推出人物传记、校史编述、回忆录等，发挥育人作用；邀请文博专家讲授传统文化课程，营造浓厚的人文氛围。

涵养文明 塑造风尚

文明校园的创建不是一时的，而是常态的。通过多种形式的养成教育，培育优良的校风学风，将校园变成培育文明的沃土，让文明意识和文明习惯融入日常，形成风尚。

宿舍是学生日常生活所在，发挥着潜移默化的育人功能。有些高校开展宿舍文化育人，不断拓宽德育工作的途径与空间。学校发动学生围绕学科特点，精心设计出文化展板，打造"宿舍文化长廊"，并形成了许多"墨香寝室""诗画宿舍""茶文化宿

模块 8 校园礼仪

舍"。为强化特色宿舍品牌，助力学生成长成才，从学习共同体建设、社群打造、感恩教育、创意激发等层面鼓励学生围绕宿舍生活开展活动。

春风化雨、润物无声，文明校园创建激发了师生普遍的文明自觉，文明已成为校园里最美的风景。

（资料来源：人民网，编辑：郝孟佳、何淼，有删改）

模块检测

1. 选择题

（1）下列做法中，不符合图书馆礼仪的是（ ）。
    A．保持安静　　　　　　　　B．不抢占座位
    C．随意翻找书籍　　　　　　D．爱护书籍

（2）下列做法中，不符合食堂礼仪的是（ ）。
    A．排队买饭
    B．量腹而食
    C．对食堂有任何意见或建议都可以礼貌地向食堂工作人员反馈
    D．吃完就走，不用管桌上的餐具，因为食堂工作人员会收拾

（3）下列做法中，不符合大型活动礼仪的是（ ）。
    A．准时到场　　　　　　　　B．举止文明
    C．礼貌退场　　　　　　　　D．随意走动

2. 判断题

（1）如果上课迟到了，则应该偷偷地从后门进入教室。（ ）

（2）如果不能及时归还借来的物品，则应及时向物主说明情况，并承诺下次归还的日期。（ ）

（3）在图书馆内，手机等通信工具应关闭或调至振动、静音状态。（ ）

3. 简答题

（1）简述与同学交往的原则。
（2）在上课前，应做哪些准备？
（3）简述在图书馆应遵守的礼仪规范。
（4）学生在参加学校的大型活动时，应遵守哪些礼仪规范？
（5）学生出入老师办公室时应当遵守哪些礼仪规范？

综合评价

各组配合指导老师完成如表 8-1 所示的考核评价表。

表 8-1　考核评价表

项目名称	评价内容	分值	评价分数		
			自评	互评	师评
知识与技能考核 60%	掌握师生交往礼仪的重点，能够在校园学习生活中正确遵守师生交往礼仪	20 分			
	掌握同学交往礼仪的重点，能够在校园学习生活中建立良好的同学交往礼仪	20 分			
	掌握校园公共场所礼仪的重点，能够在校园学习生活中遵守校园公共场所礼仪	20 分			
素质考核 40%	具有良好的语言表达能力	10 分			
	善于分析、总结与反思	15 分			
	善于理论联系实际，能够将所学知识应用于实际生活中	15 分			
合　计		100 分			
总评	自评（20%）+互评（20%）+师评（60%）=	老师（签名）：			

模块 9

人情交往礼仪

礼仪形象修养教程

知节有礼

一位销售人员的拜访

周祥是一家办公用品公司的销售部经理。他了解到××公司最近打算购买一批办公用品，便积极与××公司后勤部田经理取得联系，通过电话向其简要介绍了本公司的产品和想要登门拜访的意愿。双方约定于本周三下午三点在××公司见面会谈。

由于周祥是第一次去××公司，对路线不是很熟悉，又担心堵车，于是他早早就出发了。当他到达××公司时，距离约定的时间还有一个小时。周祥没有贸然进去，而是在附近找了一家咖啡厅，又将相关资料浏览了一遍。等到距约定时间还有15分钟时，周祥走到××公司门口，向前台工作人员说明自己的来意，然后根据指引敲响了后勤部经理办公室的门。

田经理见到周祥，对他的守时、穿着、举止等职业素养暗暗赞叹。之后，双方经过深入了解和细致会谈，当场就达成了合作意向，签订了合同。

想一想

上述案例中，周祥拜访成功的因素有哪些？

9.1 拜访礼仪

拜访是指前往他人的工作地点或私人居所会晤对方、探望对方或与之接触。在日常生活中，我们经常需要走亲访友，应邀参加聚会，或有事求助于人而登门拜访。合乎礼仪的拜访有助于我们交流信息、联络感情和增进友谊。

拜访礼仪

9.1.1 拜访准备

1. 事先预约

拜访他人之前，拜访者应通过电话告知或发电子邮件告知等方式提前预约，以免拜访扑空或扰乱受访者的日常安排。一般而言，事先预约应告知对方自己的拜访时间、地点和人员。

1）拜访时间

拜访时间应根据受访者的工作时间和生活习惯来确定。一般而言，公务拜访应选择对方的上班时间，私人拜访应选择对方的闲暇时间，但均应避免选择早晨 7 点以前、晚上 9 点以后，以及对方的用餐或午休时间。

2）拜访地点

拜访地点可以是受访者的办公场所或私人居所，也可以是公共场所，如咖啡厅、茶楼等，通常应选择离对方较近或方便对方赴会的地点。

3）拜访人员

预约时，拜访者应主动告知受访者届时到场的人员身份及人数，以便受访者做好接待准备。一旦确定了拜访人员，就不宜再临时增加、减少或更换人员，以免打乱对方的安排。

 礼仪小贴士

> 预约拜访事宜时，应以请求或商量的语气进行，切忌采用强求式或命令式的语气进行。

2. 准备谈话内容和礼品

拜访前，拜访者应确定好谈话内容，想好届时如何与对方交谈。此外，拜访前可以准备一份具有纪念意义的礼品，以便拜访时赠送给对方。

3. 整理仪表

拜访前，拜访者应准备与拜访性质、受访者身份或拜访场所相匹配的服装。一般而言，公务拜访时，应选择较正式的服装；私人拜访时，则选择整洁得体的服装（如休闲装）即可。同时，拜访者应对自己的仪容稍加修饰，以示尊重。

9.1.2 拜访过程

1. 准时赴约

拜访者应根据预约的时间准时赴约，不可过早或过晚。若因特殊情况而不能按时到达或不能赴约，应及时通知受访者，诚恳地说明原因并表示歉意。

2. 礼貌登门

拜访者到达拜访地点后，若有人迎候，则应向迎候者做简单的自我介绍，请其代为转告或应邀入室等候。若无人迎候，则应礼貌地敲门或按门铃。敲门时，应用食指间隔有序、力度适中地轻叩三下；按门铃时，让铃响三下即可。敲门或按门铃后，应耐心地等待回应。若无回应，可重复叩门一次或按门铃一次，切忌表现出急躁情绪和行为，如用拳头砸门、用脚踢门或在门外大呼小叫等。

3. 问候致意

入室前，拜访者应热情地向受访者问好、与之握手，若是初次见面，还应简单地自我介绍。入室时，应将鞋底的脏物处理干净或换上指定的拖鞋。入室后，应与受访者家属或其他在场客人一一打招呼、问好，并及时将帽子、墨镜、手套或外套除去，放到指定的位置，切勿任意乱放。

4. 应邀入座

入室后，拜访者应随行于受访者，应其邀请，与之同时入座，切忌自行找座、抢先入座或抢坐尊位。

5. 举止稳重

入座后，应坐姿端正、自然，同时还应注意以下事项。

（1）以礼还礼。受访者奉茶时，应起身或欠身，用双手相接并点头致谢，并在饮用后适当称赞，切忌一声不吭。受访者续茶时，应起身站立，用双手端起或扶住茶杯并致谢，切勿不闻不动。受访者送上水果或点心时，应待其他客人或年长者取用后再取，并在品尝之后给予赞赏。

（2）非请勿动。一般而言，拜访者的活动范围应限于客厅或接待室之内，未经允许不得乱动受访者的物品（如工艺品、书籍、报刊、信件等）或四处乱走，即便是上洗手间，也应向受访者打过招呼后再去。

6. 言谈得体

与受访者交谈时，稍做寒暄后就应切入正题、说明来访事由，切忌东拉西扯或沉默不语，以免浪费对方的时间。当与对方话不投机或意见相左时，应委婉地转移话题，切勿与对方争论或表现出不满、不耐烦等不良情绪。

9.1.3 拜访结束

1. 适时告辞

一般而言，若无重要的事情，拜访时间应控制在半小时左右。拜访者应注意把握辞行时机，主动向受访者告辞。告辞的时机最好选在双方的谈话告一段落之后且没有新的话题之前，切勿选在对方讲话时或话音刚落时。在拜访过程中，当另有客人来访，或者受访者临时有事、给予结束谈话的提示（如说出"我们今天就谈到这里吧。"或做出频频看表的动作）时，拜访者应主动告辞。

需要注意的是，一旦提出告辞，即使对方挽留，也应利索地辞别，切勿告而不辞。

2. 不忘辞谢

辞别时，应主动伸手与受访者握别并道谢（如"多谢您的盛情款待。"等），同时与其家属或在场的客人一一道别。若有意请对方回访，则可在握别时提出邀请。若受访者起身相送，则应对其说"请留步。"或"不必远送。"，并适时回头挥手致意。

9.2 待客礼仪

接待是与拜访相对应的一种社交活动。合乎礼仪的接待通常应包括认真准备、热情迎客、礼待宾客和礼貌送客四个方面。

9.2.1 认真准备

1. 了解客人信息

为了妥善安排接待工作，受访者应提前了解拜访者的基本情况，具体包括以下三个方面。

（1）来宾的总体情况，如来访人数、性别、负责人是谁等。

（2）来宾的整体计划，如访问目的、抵达时间和地点及其他事项安排等。

（3）主宾的个人简况，如姓名、性别、年龄、单位、职务、健康状况、婚姻状况、生活习惯等。

2. 确定接待规格

受访者应根据了解到的具体信息安排接待的级别。一般而言，负责接待的主陪人员级别应当与主宾的级别相当。但在上级领导派人传达意见、同级单位派人商谈事宜、社会知名人士来访等情况下，主陪的级别通常应高于主宾的级别，以示对拜访者的重视。

3. 拟定接待日程

受访者应本着尽量满足对方要求或方便对方赴会的原则，拟定详细的接待活动日程，日程的内容通常应包括以下几点。

（1）迎送对方的时间、地点和人员。

（2）会面的时间、地点和人员。

（3）宴请的时间、地点和人员。

（4）住宿地点、住宿标准。

（5）其他活动的内容、时间、地点和陪同人员等。

4．布置接待场所

布置接待场所时，应注意以下事项。

（1）打扫室内卫生，保证地面、桌椅、窗户洁净且无异味。

（2）调节室内光源（自然光源最佳）、温度（22.5 ℃左右）和湿度（50%左右）。

（3）在接待室或走廊铺设地毯，并摆放绿色植物、鲜花等物品予以点缀。

（4）准备并摆放好待客用品，如茶水、饮料、水果、点心、报刊等。必要时，还应准备一些玩具和儿童读物，以招待随行来访的儿童。

5．其他接待事项

一般而言，受访者应根据拜访者的人数和生活习惯等情况预先安排宴席，以便款待对方。同时，受访者应在接待工作的各个环节都安排相应人员，如参与会见或洽谈的人员、餐饮和住宿的服务人员等。对于远道而来的拜访者，受访者还需要事先考虑其从车站、机场等公共交通枢纽到拜访地的交通问题，最好安排专职的接待人员接送，并为远道而来的拜访者安排住宿，以便对方休息。

9.2.2　热情迎客

当拜访者（以下统称"客人"）到达之后，受访者（以下统称"主人"）应当热情迎客，迎客过程中应注意以下几方面的礼仪规范。

1．迎候礼仪

1）迎接

若客人就在本地，主人应提前到门口迎接。若客人远道而来，主人应提前确认其到达的具体时间，驾车或安排专车前往车站、码头或机场迎接。若与客人素未谋面，还应准备好接站牌，上面写明"热烈欢迎××先生（或女士）""××公司接待处"等。

2）问候

见到客人后，主人应主动上前与之握手、做自我介绍，并致以诚挚的问候，如"您好！路上辛苦了！""欢迎您的到来！"等。若对方有大件行李，则应主动帮其提携或让专人帮

模块9 人情交往礼仪

忙提携。若客人年纪较大或身体较弱,主人还应上前搀扶,以示关心。

> **礼仪互动吧**
>
> 小王和小李两人在公司门口迎候来宾。
> 一辆轿车驶到,一位男士下车。小李上前道:"陈总,您好!"呈上自己的名片后又道:"陈总,我叫李菲,是××集团公关部经理,专程前来迎接您。"陈总道谢。
> 这时,小王上前说:"陈总好!您还认识我吗?上次我们在××宾馆见过面。"陈总点头。小王很高兴,接着说:"那我是谁?"陈总尴尬不已。
> 小王和小李的接待方式是否有不妥之处?请与周围的同学进行讨论。

2. 乘车礼仪

迎接远道而来的客人时,主人应当注意乘车的座次礼仪、上下车的次序礼仪和乘车的举止礼仪。

1) 乘车的座次礼仪

迎接客人的交通工具车通常为轿车,其座次礼仪如下。

(1) 小型轿车的座次礼仪。

小型轿车的座次礼仪因开车人身份的不同而有所不同。

专职司机开车迎客时,座次的安排应遵循居中为尊、后座尊于前座、右座尊于左座的原则。通常,前排副驾驶座应安排给主人方的秘书或陪同等随从人员,切勿安排给客人。专职司机开车时,不同座数的小型轿车座次顺序如图9-1所示。

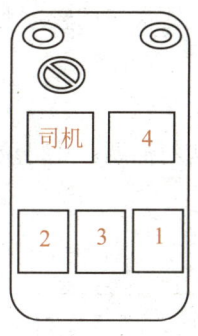
(a) 双排五座车

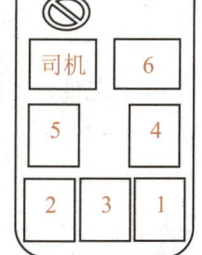
(b) 三排七座车

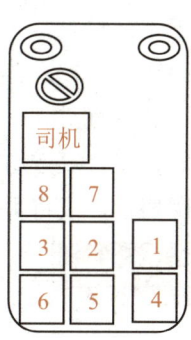
(c) 三排九座车

图9-1 专职司机开车时,不同座数的小型轿车座次顺序

主人亲自开车时,座次的安排应遵循居中为尊、前座尊于后座、右座尊于左座的原则。一般而言,客人方的负责人应主动就座于副驾驶座,以示对主人的尊重。主人开车时,不同座数的小型轿车座次顺序如图9-2所示。

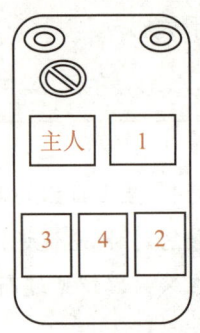 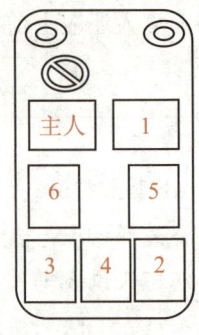 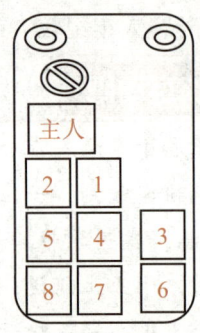

（a）双排五座车　　　　（b）三排七座车　　　　（c）三排九座车

图 9-2　主人开车时，不同座数的小型轿车座次顺序

（2）大型轿车的座次礼仪。

大型轿车是指具有（除司机座位外）四排及四排以上座位的轿车。乘坐这类轿车时，无论是由专职司机开车还是由主人亲自开车，座次的安排均应遵循前座尊于后座、右座尊于左座的原则，即距离前门越近的座位越尊贵。

礼仪小贴士

在安排乘车座次时，首先应尊重客人的意愿和选择，即客人坐在哪里，哪里就是尊位，即使客人不明白座次而坐错了地方，也不可直接指出，否则会有失礼仪。

2）上下车的次序礼仪

乘坐双排五座车和三排七座车上下车时，主人应恭请客人先上车、后下车，自己则后上车、先下车；乘坐三排九座车和大型轿车上下车时，通常应由距离车门较远者先上车、后下车，距离车门较近者后上车、先下车。

3）乘车的举止礼仪

乘车时，主客双方均应坐姿端正、举止文雅、动静适宜，切勿抽烟、乱扔垃圾、脱鞋脱袜、蹬踩座位，或将手、脚伸出窗外。

礼仪小贴士

穿短裙的女士上下小型轿车时最好采用背入式和正出式，即上车时先双腿并拢、背对车门坐下，再将双腿同时移入车内；下车时先正面面对车门，双脚并拢的同时伸出车门着地，再将身体移至车外。

3. 引导礼仪

1）并行时的礼仪

主人和客人两人并行时，应遵循以右为尊的原则，让客人走在右侧；三人并行时，则应遵循居中为尊的原则,让身份最尊贵者居中,身份次之者居右,再次之者居左。行走时,主人应配合客人的步伐,走在客人左前方约 1.5 米处为其引路。引路时,应注意运用文雅的手势,并用语言为客人做方向提示或危机提示,如"请您这边走。""请您注意,拐弯处有个斜坡。"等。

2)上下楼梯的礼仪

主人引导客人上楼时,应让客人走在前面;下楼时,应让客人走在后面。同时,主人还应提醒客人上下楼要注意安全。

3)乘坐电梯的礼仪

进入有人管理的电梯时,主人应主动后进后出;进入无人管理的电梯时,主人应当先进后出,以便为客人控制电梯。

4)出入房门的礼仪

引领客人进入室内时,主人应主动为其开门或关门,并做到"门朝内开己先入,门朝外开客先入"。客人进门时,主人应扣住门板并做一个"请"的姿势,待客人进入室内后,再轻轻关上门。

9.2.3 礼待宾客

客人进入室内后,主人应为其妥善存放外套、帽子或随身携带的物品,然后引领客人入座,并为其奉茶。

1. 待客座次礼仪

主人在安排待客座次时,应将客人安排在尊位。尊位的确定方法通常包括以下几种。

1)面门为尊

主人与客人相对而坐,且其中一方的座位面向正门时,则面对正门的座位为尊位,此座应礼让给客人。面门为尊的座次安排如图 9-3 所示。

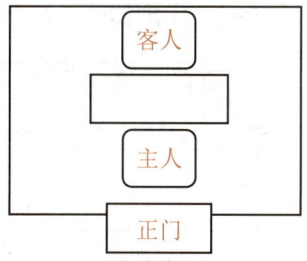

图 9-3 面门为尊的座次安排

2）以右为尊

主人与客人面向正门并列而坐时，以面对正门方向的视角为准，右位尊、左位卑，如图 9-4（a）所示；主人与客人侧对正门相对而坐时，以进门方向的视角为准，右位尊、左位卑，如图 9-4（b）所示。

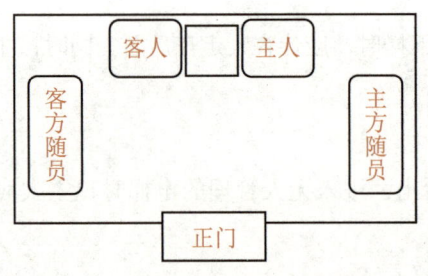

（a）双方并列而坐的座次安排　　　　（b）双方相对而坐的座次安排

图 9-4　以右为尊的座次安排

3）以远为尊

主人与客人并排坐于正门一侧时，离门较远的座位为尊位，较近的座位为卑位。以远为尊的座次安排如图 9-5 所示。

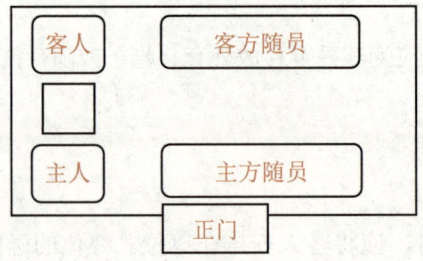

图 9-5　以远为尊的座次安排

4）居中为尊

当客方人数较少而主方人数较多时，可以面门的中间为尊位，两侧或四周为卑位，呈现"众星捧月"的格局。居中为尊的座次安排如图 9-6 所示。

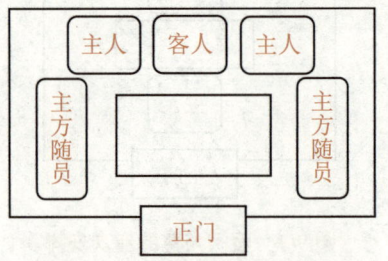

图 9-6　居中为尊的座次安排

5）佳座为尊

佳座为尊即质量或舒适度较好的座位为尊位，如沙发尊于椅子、椅子尊于凳子、高座椅尊于矮座椅等。

6）自由为尊

自由为尊即客人自行选择的座位为尊位，此时，主人只需坐于客人的一侧或周围，切勿直接纠正对方或让对方换座。

2．奉茶礼仪

在客人入座后、开始交谈前，主人应为客人奉茶。奉茶时应注意以下事项。

1）奉茶人员

奉茶人员的身份高低体现着主人对客人的重视程度。在家中待客时，一般可由家中的晚辈或服务人员奉茶；接待重要客人时，则应由女主人亲自奉茶。在工作单位待客时，一般应由秘书、接待人员、专职人员奉茶；接待重要客人时，则应由在场的职位最高者亲自奉茶。

2）奉茶次序

当客人较多时，奉茶应按照以下顺序进行：① 先客人，后主人；② 先主宾，后次宾；③ 先长辈，后晚辈；④ 先女士，后男士；⑤ 先职位高者，后职位低者。

若客人之间的尊卑差别不大，则可按以下顺序奉茶：① 以奉茶者为起点，由近及远地依次奉茶；② 以待客室的门为起点，按顺时针方向依次奉茶；③ 按客人到来的先后顺序奉茶。

3）奉茶方法

奉茶时，应做到以下几点。

（1）茶勿斟满。茶不可斟得太满，一般以七分满或八分满为宜，否则会有厌客或逐客之嫌。

（2）左下右上。奉茶时应以左手托住茶盘、右手扶住茶杯，恭敬地递给客人。双手奉茶时，切勿将手指搭在杯口上或浸入茶水。

（3）右侧递上。奉茶时应从客人的右侧奉上，并放在客人的右前方，同时轻声告知客人"这是您的茶，请慢用。"等。

（4）适时续茶。当客人杯中的茶水有所减少时，应及时为其续茶。续茶时，以不妨碍客人为佳。

此外还需注意的是，待客的茶具不可有缺口或裂痕，更不可不洁净；待客的茶叶不可为旧茶，茶叶的品种应征询客人的意见；奉茶时的茶水温度不宜太高，以免烫伤客人。

> **礼仪小贴士**
>
> 我国传统的待客礼仪中有"上茶不过三杯"一说：第一杯为敬客茶；第二杯为续水茶；第三杯为送客茶。若一再劝人用茶，却无话与之交谈，则容易让客人误会主人想要送客。

9.2.4　礼貌送客

1. 热情挽留

当客人提出告辞时，主人一定要热情挽留。在热情挽留之后，若客人执意要走，则应等客人起身后，再起身相送。切忌在客人刚提出告辞时就积极地起身送客，或者以某种动作或表情暗示送客之意。

送客礼仪

2. 礼貌相送

客人辞行时，主人应与之握别，并对其来访表示感谢。同时，主人应请客人多多包涵接待的不妥之处，道惜别之语（如"慢走""常联系""欢迎再来"等）。

对于本地的客人，主人可将其送到门口、电梯口、楼下或其乘坐车辆的驶离之处，目送客人离去。对于远道而来的客人，则应将其送至车站、码头或机场等处，待对方离开后再返回。

9.3　馈赠与受赠礼仪

礼品馈赠是社交活动中的"润滑剂"，可以用来表达对他人的尊重、敬意、祝贺、感谢、慰问等情感，能起到联络感情和促进交际的作用。向他人馈赠礼品或受赠他人的礼品都应当遵守一定的惯例或规范。

9.3.1　馈赠礼仪

1. 礼品的选择

在选择礼品时，应注意以下事项。

模块9　人情交往礼仪

1) 价值适宜

礼品是情谊的载体，既具有物质的价值含量，又具有精神的价值含量。赠送者在挑选礼品时应入乡随俗地选择物质价值适宜的礼品，注意体现"礼轻情意重"的思想。一般而言，所选礼品的物质价值不可过低，也不可过高。若过低，则无法较好地表现情谊或发挥馈赠的社交作用；若过高，则会使受赠者有受贿之嫌。

 礼仪故事屋

千里送鹅毛

唐朝时，地方官吏都要定期向皇帝进贡。每次进贡，地方官吏都会绞尽脑汁地想应该进贡什么礼物。有一次，一个云南的官吏想：皇帝不缺金银珠宝，要送也得送皇帝很少见到的东西。想来想去，他决定进贡一只天鹅。于是，他派一个名叫缅伯高的人，用竹篓背着一只天鹅前往京城。

缅伯高跋山涉水、日夜兼程，走了好多天才来到沔阳湖（今湖北省境内）边。由于这些天里，天鹅一直没下过水，浑身都脏兮兮的，缅伯高就从竹篓里抱出天鹅，想要在湖边给它洗澡。不料，天鹅一到湖边，就振翅一纵，挣脱了他的怀抱。缅伯高下意识地伸出手去抓了一把，只抓下了一根羽毛，眼睁睁地看着天鹅飞走了。

缅伯高怕皇帝怪罪，又急又怕，伤心地大哭了一场。可是离进贡的日期越来越近，他没有办法，只能怀揣着那根天鹅羽毛，赶往都城长安。

多日后，缅伯高终于来到了长安。到了进贡的那天，各地官吏一起觐见皇帝，并一个接一个地呈上了准备好的礼品。轮到缅伯高时，他手捧羽毛走上前去，为皇帝唱了一首歌："天鹅贡唐朝，山高路途遥。沔阳湖失去，倒地哭号啕。上复圣天子，可饶缅伯高。礼轻情意重，千里送鹅毛。"皇帝听了以后，奇怪地问他发生了什么事，缅伯高随即讲出事情原委。听完缅伯高的话，皇帝并没有怪罪，而是说："缅伯高千里送鹅毛，难能可贵！难能可贵！"

缅伯高以过人的胆识和机智博得了皇帝的好感，皇帝不但没有处罚他，反而奖赏给他很多东西。后来，人们就用"千里送鹅毛"这个成语，比喻礼品虽然很小，但是情意却很深重。

2) 注重效用

经济状况、文化程度不同的人，对于礼品实用性的偏好也有所不同。因而，赠送者应根据受赠者的实际情况选择不同效用的礼品。例如，送客户礼物时，可以选择具有一定纪念意义或能体现公司文化的艺术品、文化用品等；送女性朋友礼物时，可以选择装饰性挂件、化妆品等；探望病人时，可以选择食品、水果等较为实用的礼品等等。

礼仪知识窗

亲友结婚：可选择床上用品、餐饮用具或工艺品（如字画等）。

亲友生子：可选择婴儿用品（如衣服、鞋帽、玩具、生肖纪念等），也可选择产妇滋补营养品。

亲友生日：对父母长辈可送寿联、寿糕或营养品等；对配偶可送鲜花、饰物或衣物等；对朋友可送贺卡、影集、工艺品或对方喜爱的小物件等。

传统节日：春节可送年货；端午节可送粽子；中秋节可送月饼等。

亲友远行：可选择户外用品、书籍、衣物、生活用品等。

亲友迁居：可选择对联、字画、工艺品、家居装饰品等。

3）投好避讳

由于生活经历、生活习惯、性格及爱好等的不同，人们对同一礼品可能会表现出不同的态度。因而，赠送者在选择礼品时一定要投其所好、避其禁忌，以免引起受赠者的不快或误解。例如，在我国的大部分地区，送礼不宜送钟，因为钟与"终"同音，有不吉之意；在西方，大部分人都忌讳数字"13"，因此不宜送与该数字相关的礼品。

2．礼品的馈赠

1）选择时机

赠送礼品应选择合适的时机。一般来说，可以选择欢庆节日（如春节、中秋节、端午节等）、酬谢他人、到他人家中做客、探望病人，以及亲友乔迁新居、过生日、远行等时机。

2）注意方式

赠送礼品最好当着受赠者的面进行，以便向其传达自己选择礼品时独具匠心的考虑，并观察受赠者对礼品的感受或态度。

若由于某些原因不能亲自送上礼品，则可以邮寄赠送或托人赠送。邮寄赠送时，一般应附上一份礼笺，在礼笺上说明赠送礼品的理由并署名；托人赠送时，可随礼物送去信函或名片，并向受赠者解释不能当面赠送的理由，请其谅解。

3）精心包装

赠送的礼品应精心包装。包装礼品前，应去掉礼品上的价格标签，然后选择合适的包装材料对礼品略加修饰，使礼品在外观上显得更加精致，包装材料的颜色、图案等要考虑受赠者的喜好与禁忌。

模块 9　人情交往礼仪

9.3.2　受赠礼仪

1．接受礼品

受赠者在接受他人的礼品时，应面带微笑，大方地伸出双手接过礼品，并用语言表达谢意，如"您太客气了！""让您破费了！""谢谢您！"等。

> **礼仪小贴士**
>
> 接受他人礼品后，是否当场拆封应当视具体情况而定。按中国习俗，一般不需要当场拆开礼品。若是外国人赠送的礼品，一般要当面拆开，并赞美一番。

2．拒收礼品

一般情况下，不应拒收他人的礼品。但确实不方便接受礼品时，受赠人应礼貌地拒绝。拒绝时，应注意以下事项。

（1）婉言相告，即用委婉的语言拒绝。例如，拒绝他人赠送的昂贵手机时，可以对他说"谢谢你的好意，但我现在的手机还不错，暂时没有更换的想法。"等。

（2）直言缘由，即直截了当地向赠送者说明拒收礼品的理由。例如，拒绝他人赠送的大额现金或贵重礼品时，可以说"我们有规定，接受现金就是受贿。"或"按照规定，我不能接受您送的礼品。"等。

（3）事后退还。若在事后拆封时才发现礼品过于贵重，应尽快（一般在 24 小时内）将礼品退还给赠送者。退还时，应向其说明退回礼品的理由，并表示感谢。

3．回赠礼品

在接受了他人的礼品后，一般应准备礼品回赠。回赠礼品时应当注意以下事项。

（1）选择合适的礼品。回赠的礼品应当避免与对方所送的礼品相同，并尽量选择价值与对方礼品相当的物品。回赠礼品的价值不可明显超过对方礼品的价值，以免给人一种攀比之感。

（2）选择合适的时机。回赠礼品应当寻找一个合适的时机进行。例如，在节日庆典上受赠礼品时，可以在与赠送者离别时立即回赠；在生日婚庆或晋级升迁时受赠礼品，一般应在对方有类似情形的时候再回赠。对于以酬谢为目的的馈赠，受赠者可不回赠。

文明守礼润人心

国礼中的文明交流互鉴

在当代外交活动中，国家之间相互赠送礼品是一项不可忽视的内容，也是外交礼宾礼仪的重要环节和国际惯例。

礼之意：展现国家形象

较之普通礼品，国礼代表着一国的国家形象和意志。各国在国礼的选择上通常注重以下原则：寓意上，能够表达本国在对外关系或国际局势方面的政治态度；工艺上，能够体现本国的艺术特色和科技水平；内容上，能够彰显本国的文化内涵和历史底蕴。同时，各国也会关照馈赠对象的个人喜好、情感特点，并尊重受赠国的民俗习惯和宗教信仰。

国礼作为国与国之间交往的媒介，是一种能传情达意的语言和符号，有助于阐释外交理念。2014年11月，APEC（即亚太经济合作组织）领导人非正式会议在北京举行。为了让各国来宾更好地感受中国文化，我国选定了送给各经济体领导人的国礼——一套"四海升平"景泰蓝赏瓶。该赏瓶高38厘米，恰好是天坛祈年殿38米总高的等比例缩小；瓶体最大直径21厘米，代表APEC的21个经济体。赏瓶瓶身饰以浮雕的吉祥水纹图案，绘有APEC会标、雁栖湖APEC会场、北京天坛及慕田峪长城图案，蓝色基调的青花瓷象征蔚蓝的太平洋；"瓶"与"平"谐音，寓意APEC成员四海升平、如意吉祥、和谐发展，契合中国相互尊重、合作共赢的外交理念。

国礼往往呈现一国的地域特色和民族风格，具有很高的艺术价值。例如，非洲国家赠送的国礼多以木雕、牙雕、铜器及金银器工艺品为主。在中国国家博物馆中，就陈列着雕花木凳、镶金边镂空高足银盘等充满非洲地域文化和艺术特征的礼物。对于拥有悠久历史文化的中国来说，瓷器、丝绸、茶叶、刺绣、雕刻和书画等艺术精品是极具中华民族特色的显性文化符号，长期作为国礼馈赠各国。目前，已有许多国家元首、政府首脑收到中国赠送的以他们本人肖像为图案的精美瓷盘或刺绣，以及工艺性很高的瓷器和丝绸等礼物。

国礼可以展现国家的经济、科技实力。无论是代表我国传统民族工业产品的英雄金笔、长虹彩电、飞鸽自行车，还是蕴含现代科技成果的高铁、人工智能产品等，都曾作为国礼赠送给外国元首，在国际交往中发挥了重要作用。

礼之用：以和为贵

国礼往往蕴含着超越自身经济价值的文化和政治意义，在外交活动中扮演着重要角色，对加深中国与世界各国之间的了解、增进友谊、促进交流与合作发挥了独特作用和积极影响。

模块 9 人情交往礼仪

　　国礼具有重要的文物价值和历史意义。众多国礼以实物形式记录了中国外交发展的历史足迹，见证了中国外交取得丰硕成果的高光时刻。20 世纪 70 年代初的中美关系正常化是一次举世瞩目的外交盛事，双方互赠的国礼无不体现着智慧——美国总统尼克松选择了象征和平与友善的"瓷塑天鹅"作为开启中美关系大门的信物，中国则将两只温和敦厚的大熊猫作为国礼送上了前往美国的专机。

　　国礼向世界展现了我国和平发展的愿望。鼎和尊是中国传统的礼器。为纪念联合国成立 50 周年和 70 周年，中国分别向联合国赠送了青铜器"世纪宝鼎"和景泰蓝"和平尊"，寓意和平、吉祥与权威。

　　国礼是友谊的象征，对促进中外文明交流互鉴起到了积极作用。1688 年，法国人弗朗索瓦·贝尼耶翻译的法文版《论语导读》出版，将孔子的思想传入法国，为法国启蒙运动提供了宝贵的思想灵感。300 多年后的 2019 年，法国总统马克龙将一部法文版《论语导读》作为国礼赠予中国。

　　国礼能够凝聚传统文化精髓，承载民族地域特色，彰显文明进步成果。无论过去、现在还是将来，国礼不仅可以传递国与国之间的情谊，更是一张张国家文化名片，为文明交流互鉴增添着新的色彩。

（资料来源：参考网，有删改）

模块检测

1. 填空题

（1）拜访他人之前，拜访者应提前预约。一般而言，事先预约应告知对方自己的_____、_____和_____。

（2）一般而言，拜访者的活动范围应限于_____或_____之内，未经允许不得乱动受访者的物品（如工艺品、书籍、报刊、信件等）或四处乱走。

（3）合乎礼仪的接待通常应包括_____、_____、_____和_____四个方面。

（4）一般而言，所选礼品的物质价值不可_____，也不可_____。

2. 判断题

（1）一旦提出告辞，即使对方挽留，也应利索地辞别。　　　　　　　　　（　　）

（2）在安排乘车座次时，首先应尊重客人的意愿和选择。　　　　　　　　（　　）

（3）主人与客人并排坐于正门一侧时，离门较远的座位为卑位，较近的座位为尊位。
　　　　　　　　　　　　　　　　　　　　　　　　　　　　　　　　　（　　）

（4）赠送者选择礼品时一定要投其所好、避其禁忌，以免引起受赠者的不快或误解。
（　　）

3．简答题

（1）拜访者到达拜访地点后，应如何敲门或按门铃？

（2）接待宾客前，受访者应提前了解拜访者的哪些基本情况？

（3）简述客人较多时的奉茶次序。

综合评价

各组配合指导教师完成如表 9-1 所示的考核评价表。

表 9-1　考核评价表

项目名称	评价内容	分值	评价分数		
			自评	互评	师评
知识与技能考核 60%	掌握拜访礼仪的要点，能够在实际生活中做到举止稳重、言谈得体	20 分			
	掌握待客礼仪的要点，能够在实际生活中做到准时迎候、礼貌待客	20 分			
	掌握馈赠与受赠礼仪的要点，在馈赠礼品时能够做到投其所好，在接受礼品时能够礼貌接受并适当回赠	20 分			
素质考核 40%	具有良好的语言表达能力	10 分			
	善于分析、总结与反思	15 分			
	善于理论联系实际，能够将所学知识应用于实际生活中	15 分			
合　计		100 分			
总评	自评（20%）+互评（20%）+师评（60%）=	教师（签名）：			

模块 10

文书信函礼仪

知节有礼

邀请尽礼，彰显礼仪之道

不知不觉中，又到年底了。公司决定在今年的最后一天举办客户答谢活动，于是把活动的策划和准备工作交给了办公室今年新入职的小李。小李决定以公司的名义向客户发一封参与活动的邀请函。这封邀请函的撰写与制作体现了公司的形象和对客户的重视程度，因此非常重要。小李深入研究了邀请函的相关礼仪，并在适当的时间将邀请函递送给客户。活动当天，客户们按约参加了活动，相谈甚欢，度过了一个愉快且难忘的夜晚。

这场客户答谢活动取得了圆满成功，为公司树立了良好的形象，同时也进一步巩固了与客户的紧密合作关系。活动结束后，公司对小李的出色表现表示赞扬，并赞美了他制作的邀请函，认为它的语言文雅、礼貌得体，封面设计精美。

想一想

小李的邀请函在这场客户答谢活动中起到了什么作用？在撰写与制作邀请函时应注意哪些礼仪问题？除了邀请函礼仪，还有哪些文书信函礼仪？

10.1 请　柬

10.1.1 请柬的概念

请柬也称请帖，是单位或个人为约请客人参加某项活动或出席某个会议而使用的一种应用文书。

请柬是社交活动中传递感情、通报事务的一种便捷的联络工具。可以说它是礼貌性的"通知书"，通知对方在什么时间、地点，参加什么活动或集会。有时它也可作为入场的凭证。

请柬属于礼仪类文书信函中的一种，是出于对客人的敬意而发出的正式邀请书。它在处理人际关系、开展公关活动中具有较为重要的作用。

10.1.2 请柬的结构与写法

请柬通常由标题、称谓、正文、结尾和落款 5 个部分组成，如图 10-1 所示。

标题	请柬
称谓	尊敬的××：
正文	写明邀请的事由及活动的内容、时间、地点。
结尾	写上表示敬意和邀请的话。
落款	邀请单位名称或个人姓名 ××××年××月××日

图 10-1　请柬的结构模板

1. 标题

应用醒目字体在封面或第一行居中写（印）上"请柬"或"请帖"二字，有的还可写上活动名称。请柬的封面通常还要做些艺术加工，如图案装饰、美术字体、烫金等，如图 10-2 所示。

图 10-2　请柬的封面

2. 称谓

在标题下一行顶格或内页第一行顶格处写明被邀请单位名称或个人姓名。

3. 正文

在起始行空两格处书写，写明邀请的事由，交代清楚活动的内容、时间、地点。

4. 结尾

在正文后或换行顶格处写上表示敬意和邀请的词语，如"敬请光临""恭候光临"等。

5. 落款

在正文右下方写上邀请单位名称或个人姓名，并加盖公章，有的还加上"谨启""鞠躬"等敬语。另起一行写上日期。

10.1.3 请柬的礼仪

（1）制作宜精美。请柬的款式和装饰要美观、精巧，既显庄重大方，又使人感到亲切愉悦。

（2）交代要清楚。请柬上务必写清会议或活动的时间、地点及有关事项，确保被邀请人的姓名、头衔准确无误。

（3）措辞须讲究。请柬的用语要简明通达、热情文雅，避免使用"务必""必须"等强制性词语，应突出"请"意。

（4）妥善安排请柬的递送，即适时发出请柬，让客人做好赴约准备。一般来说，应根据活动的内容和日程来确定递送时间，由专人负责。

请　柬

××先生/女士：
　　兹定于××××年××月××日××点××分在本社召开建社 30 周年座谈会。敬请光临指导。
　　此致
敬礼！

××出版社
××××年××月××日

例文点评

这是一篇格式标准的请柬。请柬正文写明了邀请的事由，以及座谈会举办的时间和地点。全文要点交代清楚，措辞讲究。

10.2 邀请函

10.2.1 邀请函的概念

邀请函也称邀请信,是党政机关、企事业单位、社会团体在举行各种纪念活动、重要会议、宴会、酒会、茶话会时邀请有关单位或人员参加的专用文书,如图10-3所示。

图 10-3 邀请函

10.2.2 邀请函的类型

(1)会议类。邀请有关单位或人员参加会议或座谈会的邀请函。
(2)纪念类。为纪念某事件或节日而举办重大活动,并邀请相关人员参加的邀请函。
(3)商务类。为各类展览、商务活动而发的邀请函。

10.2.3 邀请函的结构与写法

邀请函一般由标题、称谓、正文和落款 4 个部分组成，如图 10-4 所示。

标题	邀请函
称谓	尊敬的×××先生/女士：
正文	写明举办活动的时间、地点，活动的原因、目的，参与活动的方式，以及被邀请者需要做的事情。 　　结语一般使用礼貌性问候语。
落款	发文单位名称 ××××年××月××日

图 10-4　邀请函的结构模板

1．标题

邀请函通常直接以文种名称"邀请函"作为标题。

2．称谓

在标题下一行顶格处写上被邀请单位或人员的名称，后加冒号，如"尊敬的×××先生/女士："或"尊敬的×××总经理："。

3．正文

正文部分要交代清楚举办活动的时间、地点，活动的原因、目的，参与活动的方式，以及被邀请者需要做的事情。正文的结语一般使用"恳请光临""敬请莅临指导"等。

4．落款

在正文右下方写上发文单位名称和成文日期，并加盖公章。

10.2.4 邀请函的礼仪

（1）撰写邀请函时，用语要得体、委婉、礼貌。正文语言要根据所反映的内容而体现出不同的语言风格，或朴实恳切，或激昂热情，不可模式化、套路化。

（2）内容准确、清楚。邀请函要写清楚活动准确的时间、地点、参与者、事项、缘由等要素。

（3）邀请函在制作上要正规。如果内容、份数较多，最好用打印的方式，既节省时

邀请函与请柬的区别

模块 10　文书信函礼仪

间和人力，又显得美观。

（4）邀请函要提前发出，以便被邀请者有足够的时间安排行程。近距离可派专人送达，远距离则可通过邮局或物流公司投递。

礼仪知识窗

隆重的礼仪场合多用请柬；邀请参加学术研讨会、纪念会、订货会多用邀请函。若邀请的事项单一，则用请柬；若邀请的事项较复杂或需要向被邀请者说明有关问题时，则用邀请函。

例文感知

邀请函

尊敬的×××先生/女士：

　　您好！

　　兹定于××××年××月××日（星期×）××点××分，在××举行集团迎新年文艺晚会。诚邀您拨冗莅临！谢谢！

　　此致

敬礼！

邀请人：×××
××××年××月××日

例文点评

这是一封新年文艺晚会的邀请函。正文中写明了文艺晚会举办的时间和地点，正文的结尾写了邀请惯用语。全文内容准确，语言真挚。

10.3　聘　书

10.3.1　聘书的概念

聘书也称聘请书或聘任书，是指聘请有关人员担任某项职务或从事某项工作时所使用的特殊文书，如图 10-5 所示。

近年来，聘书的使用率越来越高，使用范围也日渐扩大。聘书除了表达聘请单位对被聘人员的敬重，加强被聘人员的责任感外，还能起到一种凭据的作用。

图 10-5　聘书

10.3.2　聘书的结构和写法

聘书主要由标题、称谓、正文和落款 4 个部分组成。如图 10-6 所示。

标题	聘书
称谓	××：
正文	写明被聘人员的姓名、单位、聘期、聘职、待遇及要求等事项。
落款	单位名称（公章） ××××年××月××日

图 10-6　聘书的结构模板

1. 标题

在第一行正中写"聘书"或"聘请（任）书"字样。

2. 称谓

在标题下一行顶格处写上被聘人员的姓名，也可加上职务或职称。

3. 正文

交代聘请的原因和所聘工作与职务，有的还要写明具体要求、工作量、待遇、希望

模块 10 文书信函礼仪

和聘期等。正文结尾可另起一行并空两格，写上"此聘""特此聘请"等，以示郑重，也可用敬祝语结束。

4．落款

在正文右下方写上聘请单位名称及成文日期，并加盖公章。

10.3.3 聘书礼仪

（1）聘书的制作要正规、庄重，能给人增添荣誉感和责任感。

（2）内容真实，书写整洁美观。在写作时，必须反复核实，认真斟酌，分清发送对象，以免出错。同时，应确保版面干净整洁。

（3）语言简洁，辞藻精练。聘书一般要短小精悍，篇幅不可太长，语言要简洁明了、准确流畅，态度要谦虚诚恳。

（4）聘书的发送和授予要选择恰当的时间和庄重的场合。

聘　书

×××教授：

　　为提高我院的科研水平，本院成立了科研项目评估委员会，特聘请您为该委员会学术顾问，指导我院的科研工作。聘期自××××年××月××日至××××年××月××日。

　　此聘。

×××市社会科学院（盖章）
院长：×××（盖章）
××××年××月××日

 例文点评

此聘书格式规范，逻辑清晰，语言简洁，符合聘书的写作规范。

礼仪训练营

　　为了增强全校师生的法律意识，加强校园民主与法制建设，促使广大师生自觉遵守法律法规，并学会在受到不法侵害时用法律武器保护自己，某校决定聘请某法律专家范××担任学校的法律顾问。如果你是该学校的相关负责人，你打算如何代表学校写这封聘书？

10.4 感谢信

10.4.1 感谢信的概念

感谢信是指党政机关、企事业单位、社会团体或个人获得某种关心、支持、帮助、慰问、馈赠后，向对方表示感谢的一种礼仪文书。

感谢信广泛用于公务活动及日常生活，只要是答谢另一方的好意，以表达感激之情并赞扬对方的高尚风格及奉献精神均可使用。它可用于谢援助、谢探访、谢悼唁等。

10.4.2 感谢信的类型与特点

1. 感谢信的类型

根据寄送对象的不同，感谢信可以分为三种：第一种是直接寄送给感谢对象的，第二种是寄送给感谢对象所在单位有关部门或在其单位公开张贴的，第三种是寄送给广播电台、电视台、报社、杂志社等媒体并进行公开播发的。

2. 感谢信的特点

1) 针对性

针对性是指感谢信都有确切的感谢对象，即特定的单位或个人，能够让人一看就清楚是在感谢谁。

2) 真实性

真实性是指感谢信的感谢对象必须是真实的。叙述的内容，如事情发生的时间、地点、经过和结果等要符合事实情况，不能夸大其词。

3) 感召性

感谢信中洋溢着真挚的感激之情，既能够使被感谢的一方受到鼓舞和激励，也能够使感谢的一方受到教育和鞭策，从而起到树立新风、弘扬正气的作用。

10.4.3 感谢信的结构与写法

感谢信一般由标题、称谓、正文与落款 4 个部分组成，如图 10-7 所示。

模块 10　文书信函礼仪

标题	感谢信
称谓	尊敬的××：
正文	主要写两个方面的内容，一是写感谢对方的理由，即"为什么感谢？"；二是直接表达感谢之意。
落款	<div style="text-align:right">姓名 ××××年××月××日</div>

图 10-7　感谢信的结构模板

1．标题

感谢信的标题可直接以文种名称"感谢信"为标题，也可由"收文单位或个人+文种名称"组成，如《致××师范大学培训部的感谢信》，还可由"发文单位或个人+收文单位或个人+文种名称"组成，如《中共中央致各民主党派中央、全国工商联的感谢信》。

2．称谓

在标题下一行顶格处写被感谢的单位名称或个人姓名，后加冒号。

3．正文

交代感谢的事由，写清楚事件发生的时间、地点、经过及结果；赞扬或评价对方的好思想、好作风、好品德及由此产生的社会影响和效果。结尾写致敬语，表示诚挚的谢意和良好的祝愿。

4．落款

在正文右下方写感谢信的单位名称或个人姓名及成文日期。

10.4.4　感谢信的礼仪

（1）内容要真实。感谢信的内容必须真实，叙事要符合实际，不可夸大溢美。评价对方时要恰当，不能过于拔高，以免给人一种失真的印象。

（2）篇幅要适度。感谢信的内容要以主要事迹为主，详略得当，篇幅不能太长。感谢信的用语要精练、简洁，遣词造句要把握好度，不可过分雕饰，否则会给人一种不真实、虚伪的感觉。

例文感知

感谢信

尊敬的李××老师：

您好，我是会计事务专业1班学生张××的家长，值此教师节来临之际，谨向您表示衷心的感谢，并致以最诚挚的祝愿，祝您节日快乐！

张××原来的身体素质不好，时常生病，您经常跟我沟通，让我鼓励孩子多多锻炼身体。当孩子因为请假而跟不上学习进度的时候，您就耐心地帮他补课，让他不掉队……在您的关心和教育下，张××的身体素质大大提高，请假少了，学习劲头更足了，学习成绩也不断提高。我真切地感受到了他的进步，内心非常高兴。

最后，请允许我再次对您为张××所付出的辛劳与汗水，表示衷心的感谢与崇高的敬意！

学生家长张××
××××年××月××日

例文点评

这是一封以家长的名义写给老师的感谢信。其结构完整，语言真挚，清楚地叙述了感谢的事由，对对方的帮助做出了高度的赞扬和评价，字里行间都体现出真挚的感激之情。

礼仪训练营

××学院人文系××班学生，经常在班委会的组织和带领下到学院附近的某社区参加社区服务活动，如打扫卫生、给孤寡老人送温暖等，受到了社区居民的高度赞扬。

请你以该社区居委会的名义，给××学院人文系××班写一封感谢信。

10.5 祝贺信

10.5.1 祝贺信的概念

祝贺信是向取得重大成绩，做出突出贡献的单位、集体或个人表示祝贺，或者对重要的庆典、会议、寿辰等表示祝贺的专用文书。祝贺信具有增进友谊、缓解矛盾、加强交流与合作的作用。

10.5.2 祝贺信的类型

根据祝贺对象的不同，祝贺信可分为三种。
（1）人物类。即对某人寿辰、新婚、升迁或取得突出成绩的祝贺信。
（2）会议类。即对各种大型的、具有重大影响力的会议或者讲座的祝贺信。
（3）事业类。即对开业典礼、周年纪念、奠基典礼等的祝贺信。

10.5.3 祝贺信的结构和写法

祝贺信通常由标题、称谓、正文和落款4个部分组成，如图10-8所示。

标题	祝贺信
称谓	尊敬的××：
正文	直陈贺词。 颂扬成绩。 表达祝愿。 结语。
落款	单位名称或个人姓名 ××××年××月××日

图10-8 祝贺信的结构模板

1. 标题

祝贺信的标题一般由文种名称单独组成，第一行居中写"祝贺信"三个字。

2. 称谓

在标题下一行顶格处写被祝贺单位名称或人员姓名，后加冒号。

3. 正文

祝贺信的正文一般包括以下4个部分。

（1）直陈贺词。开门见山地向对方的喜庆之事表示祝贺，简要说明对方取得成绩的大背景或意义。这部分作为祝贺信的开头，经常会使用一些习惯性用语，如"欣闻……，谨此向你们表示诚挚的祝贺。"

（2）颂扬成绩。概括对方取得的成绩，分析取得成功的主客观原因。这是祝贺信的原因部分，也是祝贺信的中心部分。

（3）表达祝愿。真诚地表达自己的祝福和美好愿望或表示虚心学习。

（4）结语。祝贺信的结语一般是致敬语，如"此致""敬礼""祝取得更大胜利""敬祝身体健康"等。也可不写结语。

4. 落款

在正文右下方写上发文单位名称或个人姓名及成文日期。如果发文者是单位，还可加盖公章。

10.5.4 祝贺信的礼仪

（1）内容真实，评价恰当。祝贺信的内容要真实可靠，不可夸张、虚构。评价要诚恳，恰如其分，避免套话、空话。

（2）语言简洁，辞藻精练。祝贺信篇幅一般比较短小，语言要精练、简明，不雕琢，不堆砌辞藻。

（3）感情饱满，热情洋溢。贺信要表达真诚的祝福和愿望，所以要写得感情饱满，充满热情，可采用抒情手法。

> **礼仪小贴士**
>
> 祝贺信、贺电与贺词的含义和作用是一样的，但在使用时是有区别的。
> 贺词一般在隆重的集会上，当着受祝贺者的面宣读。如果祝贺者与受祝贺者相距较远，则用祝贺信。如果要表示庄重，而且要快，则用贺电。

模块 10　文书信函礼仪

 例文感知

祝贺信

中国大学生体育代表团：

　　欣闻成都体育学院运动员曹××在第××届世界大学生夏季运动会武术套路男子南拳比赛中不畏强手、勇夺桂冠，获得中国大学生体育代表团首枚金牌，创造了良好的开端。特此向获奖运动员及中国大学生体育代表团表示热烈祝贺！

　　希望中国大学生体育代表团的运动健儿再接再厉，敢于拼搏，奋勇争先，为国争光，拿道德的金牌、风格的金牌、干净的金牌，努力取得运动成绩和精神文明双丰收！

中华人民共和国教育部
××××年××月××日

 例文点评

　　这篇祝贺信指明了祝贺对象、祝贺事由，表达了发文者的美好祝愿。其语言简洁，感情饱满，极富感染力。

礼仪知识窗

写好礼仪类文书信函的基本条件

　　请柬、邀请函、聘书、感谢信、祝贺信属于礼仪类文书信函。礼仪类文书信函是指以礼仪为目的或在礼仪场合使用的文书信函。礼仪类文书信函，应当准确、适当地表达出礼仪上的要求。根据不同的时机和对象，作者应力求把文书信函写得恰如其分、恰到好处。以下几点是写好礼仪类文书信函的基本条件。

　　（1）具有扎实的文化素养。

　　礼仪类文书信函的写作涉及社会生活的各个领域，并与方方面面的知识密切相关。要想写出较高水平的文书信函，其作者必须有一定的知识积累。

　　（2）培养较强的逻辑思维能力。

　　逻辑思维能力是指正确、合理地对事物进行观察、比较、分析、概括、判断及推理，采用科学的逻辑方法，准确而有条理地表达自己的思维过程的能力。培养较强的逻辑思维能力，是写出内容充实、逻辑清晰的文书信函的一个重要前提。

　　（3）培养良好的文字表达能力。

　　要想写出文约事丰、文简而理周的文书信函，就必须具备良好的文字表达能力。一方面，要广泛阅读优秀的应用文；另一方面，要多写，即亲自动手，将所学的知识

应用到写作活动中，不断地思考、写作、修改，循环往复，逐渐将别人的经验转化成自身的知识和能力，从而撰写出高水平的文书信函。

（4）具有严谨认真的写作态度。

在写作活动中，作者的态度决定着文书信函的质量。因此，作者要做到言之有据、言之有理，实事求是地反映客观事物的规律，不夸大成绩，不回避问题，不以主观想法代替客观事实，不凭好恶下结论。只有这样，才能客观、准确、高效地完成写作任务。

文明守礼润人心

中国古代最美的邀请函

众所周知，中国是诗的国度，诗歌用词优美，读来口有余香。即便是邀请客人，古人也会把邀请函写得很优美，而不是直白地说"晚上来喝酒呀""明晚聚餐去"之类的话！下面列举几份流传千古的邀请函。

（1）白居易的邀请函。

白居易为了邀请大诗人刘禹锡的堂兄刘禹铜喝酒，便写了一首《问刘十九》："绿蚁新醅酒，红泥小火炉。晚来天欲雪，能饮一杯无？"意思是说，新酿的米酒，色绿香浓，小小红泥炉，烧得殷红；天快黑了大雪将至，能否一顾寒舍共饮一杯暖酒？

白居易在任杭州刺史时，在一个灯火阑珊、星河灿烂的夜晚登高望远，面对美景的他想请当地的朋友饮酒，于是写下一首《江楼夕望招客》："海天东望夕茫茫，山势川形阔复长。灯火万家城四畔，星河一道水中央。风吹古木晴天雨，月照平沙夏夜霜。能就江楼消暑否？比君茅舍较清凉。"这首诗描绘了诗人夏夜登楼远眺时见到的景色，尾联向友人发出邀请，呼应题中"招客"两字。

（2）杜甫的邀请函。

杜甫邀请崔明府时写下脍炙人口的名篇《客至》："舍南舍北皆春水，但见群鸥日日来。花径不曾缘客扫，蓬门今始为君开。盘飧市远无兼味，樽酒家贫只旧醅。肯与邻翁相对饮，隔篱呼取尽余杯。"全诗流露出诗人诚朴恬淡的情怀和好客的真心，自然浑成，一线相接，把居处景、家常话、故人情等富有情趣的生活场景刻画得细腻逼真，表现出了浓郁的生活气息和人间温情。

（3）李白的邀请函。

唐代诗人李白一生视酒为友，"会须一饮三百杯"的豪言壮语言犹在耳。李白喜欢游览名山大川，足迹遍布大江南北，"一生好入名山游"也让无数读者为之向往。同时，李白交友广泛，在其诗作中也到处可见。他为邀请王汉阳和他一起喝酒，曾写

模块 10　文书信函礼仪

下一首《早春寄王汉阳》："闻道春还未相识，走傍寒梅访消息。昨夜东风入武阳，陌头杨柳黄金色。碧水浩浩云茫茫，美人不来空断肠。预拂青山一片石，与君连日醉壶觞。"这首诗前 4 句围绕着"春还"两字生动地描写了早春的气息；后 4 句邀请友人前来醉饮赏春，其中，第 5 句和第 6 句是全诗的承转机杼之句，第 7 句和第 8 句虽未直言"邀请"，却以超脱的想象把邀请的殷切之情表达了出来。

（4）汪伦的邀请函。

地方绅士汪伦曾写信邀请李白来做客："先生好游乎？此地十里桃花。先生好饮乎？此地有万家酒店。"李白欣然前往。李白见汪伦是泾川名士，为人豪爽大度，倜傥不羁，便问十里桃花、万家酒店在何处。汪伦道："桃花者，潭水名也，并无桃花；万家者，店主人姓万也，并无万家酒店。"引得李白大笑。李白游玩数日之后离去，临行时汪伦来送别，李白便信口吟出一首流传千古的赠别诗《赠汪伦》。

（资料来源：360 个人图书馆，有改动）

模块检测

1．填空题

（1）请柬通常由_____、_____、_____、_____和_____ 5 个部分组成。

（2）感谢信的特点有_____、_____、_____。

（3）感谢信的标题可直接以_____为标题，也可由_____组成，还可由_____组成。

（4）祝贺信的正文一般包括_____、_____、_____、_____。

2．判断题

（1）在请柬上可使用"务必""必须"等词语。　　　　　　　　　　（　　）

（2）邀请函的正文部分要交代清楚举办活动的时间、地点，活动的原因、目的，参与活动的方式，以及被邀请者需要做的事情。　　　　　　　　　　　　（　　）

（3）感谢信的内容必须真实，叙事要符合实际，可适当夸大溢美。　（　　）

（4）祝贺信具有增进友谊、缓解矛盾、加强交流与合作的作用。　　（　　）

3．简答题

（1）简述邀请函的礼仪。

（2）简述聘书的礼仪。

(3）简述感谢信的结构与写法。
(4）简述祝贺信的结构与写法。

综合评价

各组配合指导教师完成如表 10-1 所示的考核评价表。

表 10-1　考核评价表

项目名称	评价内容	分值	评价分数		
			自评	互评	师评
知识与技能考核 60%	了解请柬、邀请函、聘书、感谢信、祝贺信的概念	20 分			
	掌握请柬、邀请函、聘书、感谢信、祝贺信的结构与写法	20 分			
	熟知请柬、邀请函、聘书、感谢信、祝贺信的相关礼仪	20 分			
素质考核 40%	具有良好的语言表达能力	10 分			
	善于分析、总结与反思	15 分			
	善于理论联系实际,能够将所学知识应用于实际生活中	15 分			
合　计		100 分			
总评	自评（20%）+互评（20%）+师评（60%）=	教师（签名）：			

参考文献

[1] 孙金明,王春凤. 商务礼仪实务[M]. 北京:人民邮电出版社,2019.

[2] 王计云,段彦辉,光昕. 商务礼仪[M]. 北京:首都师范大学出版社,2019.

[3] 金正昆. 商务礼仪教程[M]. 6版. 北京:中国人民大学出版社,2019.

[4] 杨丽. 商务礼仪[M]. 3版. 北京:清华大学出版社,2021.

[5] 王艳,曾虹. 商务礼仪与沟通[M]. 3版. 北京:中国财政经济出版社,2021.

[6] 刘娟,田静,冯宝贵. 新编现代礼仪实用教程[M]. 2版. 北京:航空工业出版社,2018.

[7] 王红日,孙秀娟,赵蓉. 礼仪规范教程[M]. 北京:航空工业出版社,2017.

[8] 张岩松. 实用社交礼仪[M]. 北京:化学工业出版社,2021.

[9] 袁涤非. 现代礼仪[M]. 北京:高等教育出版社,2020.

[10] 罗元浩,孟祥越. 人际沟通与社交礼仪[M]. 2版. 北京:清华大学出版社,2020.

[11] 胡成富. 社交礼仪[M]. 2版. 北京:中国财政经济出版社,2021.